別冊治安フォーラム

国際テロリズムの潮流

国際テロ研究会 編著

立花書房

は し が き

　本書は，近年の「治安フォーラム」に掲載された論文から国際テロリズムに関するものを抽出し，新たに書き下ろした論文を加えてテーマ別に分類したものである。単行本化に当たっては，情勢の変化を踏まえて大幅な加筆等を施した。

　2019年ラグビー・ワールドカップの開催やＧ20サミットの開催，2020年東京オリンピック・パラリンピック競技大会の開催等を控え，本書が国際テロリズムに対する理解の一助となれば幸いである。

　2018年4月

国際テロ研究会

初 出 一 覧

第 1 章　イスラム過激派の動向と我が国へのテロの脅威

外国人テロリスト戦闘員　　　　　　　　　　　　　　書き下ろし

スポーツ・イベントを標的としたテロ　　　　　　　　書き下ろし

車両突入によるテロ　〜"easy-to-use tools"が真の凶器と

　　なる脅威〜　　　　　　　　　　　　　　　　　　2017年12月号

『インスパイア』で紹介された手製爆発物　　　　　　2017年 4 月号

自 爆 攻 撃　　　　　　　　　　　　　　　　　　　 2016年 7 月号

「ISIL」の脅威との闘い　〜我が国でイスラム過激派に

　　よる国際テロを未然に防ぐために講じなければならない

　　こととは何か〜　　　　　　　　　　　　　　　　2015年 7 月号

「アラブの春」を振り返って　〜「アラブの春」の連動と

　　ソーシャルメディアが与えた影響〜　　　　　　　2014年12月号

我が国における国際テロの脅威　　　　　　　　　　　2013年10月号

第 2 章　日本赤軍及び「よど号」グループ

日 本 赤 軍　〜活動44年，今何を思う〜　　　　　　2014年 4 月号

大人になれない「よど号」犯人グループ　　　　　　　2012年 8 月号

第 3 章　国際テロ情勢

2017年の国際テロ情勢を振り返って　　　　　　　　　2018年 3 月号

2016年の国際テロ情勢を振り返って　　　　　　　　　2017年 3 月号

伊勢志摩サミットをめぐる国際テロ情勢　　　　　　　2017年 1 月号

2015年の国際テロ情勢を振り返って　　　　　　　　　2016年 3 月号

2014年の国際テロ情勢を振り返って　　　　　　　　　2015年 3 月号

目　　次

は し が き

初 出 一 覧

第１章　イスラム過激派の動向と我が国へのテロの脅威

外国人テロリスト戦闘員 ……………………………………………………………… 10

は じ め に／10　　　FTFと外国人戦闘員／11　　　2178から2396への更新点／12
FTFたちの岐路／14　　　移動を果たしたFTFたちの脅威／17
FTFの同行家族たちの問題／18　　　航空機の利用と航空機利用テロ／19
刑務所の問題／20　　　おわりに／21

スポーツ・イベントを標的としたテロ ……………………………………………… 23

は じ め に／23　　　スポーツ・イベントが標的となった事案／24
五輪に伴うテロ関連動向／28
スポーツ・イベントに関連するイスラム過激派のプロパガンダ／29
東京大会等への脅威評価／31　　　おわりに／33

車両突入によるテロ　～ "easy-to-use tools" が真の凶器となる脅威～ …… 34

は じ め に／34　　　プロパガンダと事件の関係／35
車両突入によるテロの特徴点／43　　　おわりに／48

『インスパイア』で紹介された手製爆発物 ………………………………………… 50

は じ め に／50　　　圧力釜を使用した爆発物（Pressure Cooker Bomb：PCB）／51
プロパンガスを使用した爆発物／54
探知されない爆発物（Hidden Bomb：HB）／55　　　おわりに／58

自 爆 攻 撃 ·· **60**

は じ め に／60　　自爆テロ攻撃の歴史／61　　女性による自爆テロ攻撃／65
自爆テロ攻撃の手法／67　　最　後　に／69

「ISIL」の脅威との闘い　～我が国でイスラム過激派による国際テロを未然に防ぐために講じなければならないこととは何か～ ···················· **71**

は じ め に／71　　国際社会を取り巻く国際テロの重大な脅威／72
外国人戦闘員流入の現状／73　　外国人戦闘員を引き付ける要因／74
ISILに共鳴・参加した可能性を有する者による実際のテロ事例／76
我が国に対する国際テロの脅威／78　　我が国における国際テロ対策／79
お わ り に／81
【追記】
は じ め に／82　　東京オリンピック競技大会・東京パラリンピック競技大会を見据
えたテロ対策の強化／82　　新たに追加された対策／83
新たな対策が追加された背景／84　　お わ り に／85

「アラブの春」を振り返って　～「アラブの春」の連動とソーシャルメディアが与えた影響～ ·· **86**

は じ め に／86　　「アラブの春」各国の状況／87
ソーシャルメディア（SNS）が「アラブの春」に与えた影響／92　　お わ り に／94

我が国における国際テロの脅威 ·· **95**

は じ め に／95　　【参考】スポーツイベントを標的にした国際テロ／96
米国・ボストンにおける爆弾テロ事件／97　　日本における国際テロの脅威／98
日本国内等で発生したテロ事件／99　　テロ対策の取組／103
お わ り に／104

第2章　日本赤軍及び「よど号」グループ

日本赤軍　〜活動44年，今何を思う〜 106

はじめに／106　　パレスチナに活路を求め／107
虚しく空々しい解散宣言／110　　混迷する中東情勢に今，何を思う／113
おわりに／115

大人になれない「よど号」犯人グループ 117

はじめに／117　　「よど号」ハイジャック事件／118
北朝鮮支配下の「よど号」犯人グループ／120
「よど号」犯人グループによる拉致容疑／122
帰国に向けた主張の変遷／124　　おわりに／127

第3章　国際テロ情勢

2017年の国際テロ情勢を振り返って 130

はじめに／130　　ISILの現況／131
2017年中のイスラム過激派等によるテロ事件／132
我が国に対するテロの脅威／139　　日本赤軍と「よど号」グループ／142
おわりに／143

2016年の国際テロ情勢を振り返って 144

はじめに／144　　ISILをめぐる情勢／145
2016年中のイスラム過激派によるテロ事件／147
日本を標的とする国際テロの懸念／153　　日本赤軍と「よど号」グループ／154
おわりに／155

伊勢志摩サミットをめぐる国際テロ情勢 156

はじめに／156　　G7各国をめぐるテロ情勢／157
日本におけるテロ対策／159

目　次　7

2015年の国際テロ情勢を振り返って ……………………………………… 163

はじめに／163　　ISILをめぐる情勢／164　　2015年中の各地のテロ情勢／167
日本を標的とする国際テロの懸念／174　　日本赤軍と「よど号」グループ／175
現下の国際テロ情勢を受けての政府の取組／176　　おわりに／176

2014年の国際テロ情勢を振り返って ……………………………………… 178

はじめに／178　　「イスラム国」を称したISIL／179
2014年中のイスラム過激派によるテロ事件／181
日本を標的とする国際テロの懸念／185　　日本赤軍とよど号グループ／186
おわりに／187

第1章

イスラム過激派の動向と
我が国へのテロの脅威

外国人テロリスト戦闘員

本多　潤一

1　はじめに

　2017年12月21日，国際連合安全保障理事会は，外国人テロリスト戦闘員（Foreign Terrorist Fighters：FTF）に関する問題に焦点を当て，FTFによってもたらされる脅威，問題に対処するための取組を加盟各国が行うことを求める国連安保理決議（United Nations Security Council Resolution：UNSCR）第2396号を採択した。

　本決議は，2014年9月24日に採択されたUNSCR第2178号で指摘されたFTFの問題から，イラク・シリアのISIL（Islamic State of Iraq and the Levant）の衰退を経た今，FTFの現状に対応するように更新されたものともいえる。

　約3年半前頃までにイラク及びシリアで徐々に，しかし確実に勢力を拡大させていった，イラクのアル・カーイダの後身組織であるイラクとレバントのイスラム国，そしてその後イスラム国と改称したテロ組織等が，強力な磁石となり多くのFTFを引き付けたことが国際社会にとって，近い将来に，これまでに経験したこともないような脅威となっていくことが，明らかになったのである。そして，2017年末に至り，FTF問題は，イラクとシリアのISILそのものにひけをとらない，あるいはそれ以上の課題を国際社会に投げ

かけるようになっているのである。

　そこで本稿では，国連安保理において多くの議論を重ねた上で採択された
UNSCR第2396号（以下，単に2396とする。また，UNSCR第2178号も単に
2178とする。）をよく読み込むことによって，今日のFTF問題の深刻さを知
り，我々は何をすべきなのかということが見えてくると考え，以降，2396で
特に問題とされている部分などをなぞりながら，FTFの問題を論じ，我が
国を含む国際社会にどのような課題が投げかけられているのかということを
考察してみたい。

2　FTFと外国人戦闘員

　まず，FTFとはどのような者たちのことを指すのか。この答えとして参
考になることが，2178に記述されている。すなわち，FTFとは，「テロ行為
の実行，計画あるいは準備，あるいはこれに参加する目的，あるいは，武装
紛争と関係するものを含むテロの訓練を提供あるいは受ける目的で，住居の
ある，あるいは国籍のある国以外の国へ渡航する個人たち」を指している。

　さて，ここでなぜ，FTFの定義を記す必要があるのかということを押さ
えておきたい。本稿では冒頭にあるようにFTFを逐語訳で「外国人テロリ
スト戦闘員」と記しているが，FTFの問題について論じている記事，論文
を現在，多く見かける中，FTFを和訳で「外国人戦闘員」と記している文
を時に目にする。しかし，歴史を遡ってみると「外国人戦闘員」と「外国人
テロリスト戦闘員」では，テロリストという単語が加わっている以上に，微
妙に意味が違う。では，外国人戦闘員とは何か。

　外国人戦闘員とは，国家の軍隊等によって雇用されている外国人，いわゆ
る傭兵と呼ばれる者は除き，ある地域，国における紛争において，反体制武
装活動に参加する，当該地域・国出身以外の者という見方が可能とされる。[*1]
そして，過去数百年の紛争の歴史において，多くの紛争に外国人戦闘員が参
加している。だが，紛争に参加している外国人戦闘員が全てテロリスト，つ
まり犯罪者と評されているというわけではない。武装勢力の反抗を受ける体
制側にとってはテロリストであっても，専制・独裁的な体制に反抗する者を

自由の闘士,「フリーダム・ファイター」と呼び,評価することもあるわけである。

　しかし,こうした外国人戦闘員らの参加の歴史を振り返って見ると,過去の外国人戦闘員らの大多数は,参加した紛争が終結したら出身国等に戻り,以前の生活に戻っていた。そして,これが大きく変化することとなったのが,今日のイスラム過激派武装勢力の原点の一つともいえる,ソビエト連邦のアフガニスタン侵攻とそれに続く紛争に参加した,いわゆるアフガン・ベテランと呼ばれる主にアラブ諸国等の出身者らからなる外国人の戦闘員たち,すなわち,ISILの原点ともいえるアル・カーイダに参加した外国人の戦闘員たちの登場からとみることもできる。彼らは,自国に帰ることよりも,アフガニスタンでの経験を土台として,現地にとどまったまま,あるいは別の紛争地に移動して活動を続け,更に新たな戦闘員をリクルートして戦闘を継続させているのである。

　ではなぜ彼らが活動を続けているのか,彼らを戦闘に引き付けるものは何かということに注目したいところであるが,本稿は思想面を論じるものではないので,この点は割愛する。おそらく彼らの中の最大公約数とも喩えることができる動機は,ISIL,アル・カーイダが広める暴力を肯定する過激思想があることではないだろうか。

　そこで,以上のことをまとめると,FTFとは,紛争地域・国においては外国人の戦闘員であるが,紛争の結果を問わず,活動を続ける者たちであり,動機の一つである過激思想に基づき,関与している紛争の文脈を越えて新たな闘いの場を求め続ける者たちとみることもできるのであろう。

　　＊1　David MALET著 "Foreign Fighters, Transnational Identify in Civil
　　　　Conflicts" Oxford University Press 2013

3　2178から2396への更新点

　2396は2178と比べ,ボリュームも多くなっていることから,FTF問題が変化し,多岐にわたっていることを容易にうかがい知ることができる。では

12　第1章　イスラム過激派の動向と我が国へのテロの脅威

具体的にどのように変化しているのかという点を，安保理決議の序文ともいうべき部分をとって確認してみる。

まず，2178では，例えば

- FTFが世界各地で続く紛争を悪化させる要因となり，それは紛争地のみならず，FTFの出身国を始めとする関係国にも影響を及ぼし，またFTFが過激思想を広めることによりテロを促進させている。
- FTFが築き上げてきたネットワークが，人，物を行き来させることを促進させている。
- ISILやヌスラ戦線（当時）といったテロ組織などにFTFがリクルートされている。

といったことに注目し，懸念を表明している。

一方，2396は2178で示した懸念を踏まえた上で，現状は，

- FTFが，紛争地域から出身国へ戻り（リターン（Return）），あるいは第三国へと場所を移して（リロケイト（Relocate）），ソフトターゲットを含む標的に対する攻撃を企図，実行しているという現状があり，このソフトターゲット狙いは，とりわけISILが支持者等へ呼び掛けていることであるということ。
- FTF本人のみならず，紛争地域へ同行した，あるいは同地域で誕生したFTFの家族たちがおり，この家族たちが，テロ活動に荷担する可能性がある一方で，とりわけこうした家族の中でも子供たちは，過激化の影響を受けやすいという可能性があるために，FTFと共に帰国した場合には社会的な支援が不可欠であるということ。
- FTFは民間航空会社の航空機を物資支援，移動の手段とすることや，あるいは航空機そのものを標的とする危険性があるということ。
- 各国においては刑務所が，被収監者たちの過激化を促す「培養所」となっている場合があり，特に，収監されたFTFたちが，新たなFTF候補者をリクルートする場となる危険性もあるということ。

などが指摘されており，FTFが呈する脅威が，一つの紛争地域から別の場所へ移行する段階に入ることが現実のものとなっているということをうかがい知ることができる。

外国人テロリスト戦闘員　13

4 FTFたちの岐路

　イラク・シリアでの戦闘に参加する段階から次の段階へ移行するとみられるFTFたち。では，実際に彼らはどこへ向かうのだろうか。

　まず，そもそもどれほどの数のFTFがいるのか。例えば，イラク・シリアに渡航したFTFに限ってみると，2016年2月，ジェームス・クラッパー米国国家情報長官（当時）が合衆国議会公聴会において，2012年の紛争開始後，120か国以上の国から3万8,200人以上の外国人戦闘員がシリアに渡航したと述べている。また，同年4月，国連安保理公開討論で潘基文事務総長（当時）は，世界中から3万人以上の人が渡航したと言及している。正確な数は分かりようもないのだろうが，こうした発表を踏まえると，ISILの勢力が最大時となった頃には，少なくとも3〜4万人のFTFがいたとみることができよう。しかし，その数はISILの軍事的な敗退が濃くなり，戦闘で死亡するFTFの数は増え，また既に戦列を離れて自国等へ戻っていった者たちもいた一方，各国によるFTF対策が奏効し，流入する者の数は減少するという傾向になっており[*2]，必ずしも多くないと考えられる。そして，FTF以外の者を含めたISIL戦闘員数が，現在，1,000人を下っているとの評価もあり[*3]，現在も残存しているFTFの数も最大時の頃と比較すると大幅に減少し，出身国への帰国を企てる者も，今のところ，実は少ないという見方もある[*4]。

　ただし，こうした見立てが正しいとしても，それはFTFの移動先となる場所への脅威が下がるということでは決してない。高いテロ実行能力と意思を抱いた者が少数でもいれば，世界に注目されるようなテロを起こすことができるということは，過去の例が証明しているのだから。

　それでは，現在もイラク，シリアに残存しているFTFにとっての岐路はどういうものかということを考察すると，まず挙げられるのは，ISILに参加したFTFたちの中には，「カリフ国」が永続することに賭け，自らの命を犠牲にするまで戦い続ける者たちもいるであろうということ。専門家の中には，こうした者たちの数は実際，非常に多いということを指摘している者もいる[*5]。

14　第1章　イスラム過激派の動向と我が国へのテロの脅威

別の選択肢としては，シリアで活動を続ける別の反体制武装勢力へ鞍替えするということも考えられる。この点につき，例えばISILの場合，この組織の思想が，厳格な教条主義で，イスラム過激思想の中でもその過激さは際立っており，これに僅かでも沿わない考え方，行動を認めず，排除することも厭わないとされており，イスラム過激派組織と分類される他の反体制派武装勢力とは交わることはできないであろうという見方もある。しかしながら，構成員の全てが同じ思想を持っているということも考えにくく，またシリアでは反体制派全体が，ロシアやイランなどの支援を受けるアサド政権軍によって押されている状況下において，能力のある戦闘員を求め，元ISILのFTFが取り込まれていく可能性もあり得るのかもしれない。

　そして第3の選択肢が，イラク・シリアを離れるということ。このグループに属する者たちは，紛争地域離脱の動機の違いによって，

- ・　戦闘，テロ活動を更に継続する意思を持っている者
- ・　イラク・シリアでの戦闘での任務を完遂した，自分のやるべきことは終わったと感じ，同地域を離れようと決意した者（将来，テロ活動をするという意思を特別持たない者）
- ・　ISILなど過激派組織が掲げる思想とその行動の差に幻滅したり，こうした組織に参加してしまったことに後悔，自責の念を感じたりしている者
- ・　同行している家族の安全を考えて戦列を離れた者

などのグループに分かれるだろう。また，その行き先の違いにより，出身国（出身地域）へ戻る「リターン」組と，別の紛争地域へ移動する「リロケイト」組にも分別できるだろう。

　しかし，いずれの組に属するにしても，このFTFたちは，紛争地域の国境を越えたところで多くの問題に直面することがある。

　「イスラム国」が建国されたと宣言された頃，ソーシャル・メディア上に掲出されたISILの動画の中にFTFたちが登場し，彼らが，自分の旅券をわざわざ破り，自分は「イスラム国」の民であり，自国にはもはや帰ることはないということを証明していた。つまり，彼らの中には渡航のために必要な書類を持たない者たちが多くいるかもしれないということである。加えて，

彼らの中には陸続きで国境を越えられるシリア・イラクの隣国までは何とか忍びこむことはできても，その先の国へ渡航を続けるために必要な資金を持っていない者もいるだろう。

　先に挙げた紛争地域離脱者の動機別カテゴリーのうち，戦闘，テロ活動を更に継続する意思を持っている者以外に該当する者たちの中には，当局によって察知され，テロ組織に参加したことを訴追されることになったとしても，帰国を希望して，出身国の大使館・領事館へ出頭する者もいるだろう[*6]。

　こうした者たちも，脅威度が低い者たちとは一概に評価できず，少なくとも紛争地域での活動を通じて過激な思想の影響を受けていた可能性もあるほか，これからもテロリストとしての活動を続ける者たちとのネットワークは維持したままである可能性が高く，帰国したら「大人しくしている」と推認するのは禁物と考える。帰国後の環境によってはテロリストとしてリアクティベイトされることさえあるだろう。また，こうした者たちと同伴する女性や子供の件もある。この点については，後述する。

　さて，やはり離脱者のカテゴリーで最も脅威度の高いものは，戦闘，テロ活動継続意思を強く持つ者らであることは言を俟たない。しかし，旅券など有効な渡航文書や国境を越える移動を続けるための十分な費用を欠いたままでの移動が実際に可能なのであろうか。

　完璧な国境管理はまずあり得ないということは前提であるとしても，やはり不法に越境をする者たちにとっては当局の目を欺き夜陰に乗じて国境を越えるという危険な方法を繰り返すことのほかに，偽造された渡航文書を入手するすべがあればむしろそちらを選ぶということもあるだろう。こうした，人の不法な移動を手助けするような者たちのことをファシリテーターなどと呼んだりするが，このファシリテーターがFTFたちの移動へ実に巧妙に関与していることが明らかになっており，各国の司法・情報当局にとっても捜査対象として優先度の高い対象と位置付けられている。移動をしてくるFTFそのものも脅威であり，彼らの動きを察知してそれを阻止することも重要であることのほか，不法な越境にこのファシリテーターたちが構成するネットワークが活用され，多くのFTFたちの移動に関係しているという事実を知り，このネットワークを断つことも同様に重要な観点であろう。

16　第1章　イスラム過激派の動向と我が国へのテロの脅威

＊2　The Soufan Center, "BEYOND THE CALIPHATE: Foreign Fighters and the Threat of Returnees" 2017年10月発行
＊3　National Public Radio, 2018年1月1日放送番組 All Things Considered "Where did the Islamic State fighters go?"
＊4　2017年7月21日，米国コロラド州で開催されたApsen Security Forumの中のセッション，Tourd'Horizonでニコラス・ラスムーセン米国国家テロ対策センター所長（当時）の発言から。
＊5　同前
＊6　2017.7 RAN（Radicalisation Awareness Network）"RAN（Radicalisation Awareness Network）MANUAL' Responses to returnees/ Foreign Terrorist Fighters and their families"

5　移動を果たしたFTFたちの脅威

　テロ活動を継続する意思を持つFTFたちが，移動の手段を手に入れ，自国や出身国のある地域（例：欧州諸国，東南アジア諸国）へ帰還，潜伏を果たしたとき，正にFTF問題が呈する最悪のシナリオが始まるであろう。

　短期的には，自力でテロを行うということがある。この事例としてはフランス人FTFであったメーディー・ネムーシュが挙げられる。同人は，ISIL内にあったフランス語話者のFTFたちが集まるグループに参加していたとみられ，2014年にシリアから複数の国を経て欧州に潜入した上，ベルギー・ブリュッセルにあるユダヤ博物館で突撃銃を発砲して4人を殺害した。ISILに関与したFTFの帰還者が事件を起こした最初の例ともいえる。

　欧州圏内で2014年から2016年の間に発生した，イスラム過激派によるテロ事件のうち，銃器，爆発物を用いるものは，インフラを構築し，資金力を持ち，更にはISIL中枢による指揮のもとに行われた，極めて組織性の高いものであった。これほどの組織性を備えた帰還FTFたちが現在も欧州圏内などに潜伏している可能性は否定できないが，今日，テロの態様は，これほどの組織性を要しないでも一定規模の被害を生じさせることができるだけでなく，非常にローテクな手法でも注目を集めることができることは，周知のこととなっている。いわゆる，車両や刃物のような用法上の凶器ともいえる物を用いる，誰でも入手可能で，使用するにも高い技術を必要とせず，そのた

外国人テロリスト戦闘員　17

めに多額の資金もいらない態様へと変化しており，帰還FTFたちがこうした手法でのテロへシフトした場合の影響は想像に難くない。

また，中長期的には，当局に察知されずに帰還，潜伏を果たした後に，組織づくりや，他のFTFたちや過激派たちとのネットワークの構築，リクルートに注力し，休眠細胞ともいえる小規模なグループを広く布石することも懸念されるだろう。

こうした例は実に，将来的な問題ではなく，既に現実の問題となっている。2015年8月，フランス国内を走行中の国際急行列車の車内で発生した銃器利用襲撃事件の犯人，モロッコ人のアユーブ・カッザーニは，彼自身もごく短期間，シリアに渡航して武器の扱い方などについて訓練を受けたとされているが，難民に紛れて欧州に戻り，潜伏していたのち，パリ同時多発テロの首謀者とみられているアバウドの指示を受けて犯行に及んだといわれている。

一方，リロケイト組たちは，他の紛争地域に新たな戦いの機会を求めて移動するとみられるが，彼らの行く先としてアフガニスタン・パキスタン，イエメン，エジプト，リビア，西アフリカ地域，フィリピン南部を中心とする東南アジア地域といった，ISILに忠誠を誓った組織が既に活動を続けている場所が，候補地として注意されている。とりわけ我が国とも地理的には近い関係にあるのみならず，多数の邦人が滞在し，日本権益も多い東南アジア地域へのFTFの移動は，我々にとっても注視，阻止すべきことである。

6　FTFの同行家族たちの問題

ISILは，カリフ制国家イスラム国建国を自称した初期の段階で，ムスリム一般に向けてカリフ国への移住を義務と呼び掛けた。そして，家族を同行してもその教育や福祉が，さも充実しているかのようなプロパガンダを行ったということも影響したのか，これに応じて家族同伴で参加した者，ISIL戦闘員のために貢献することを企図して渡航した外国人女性たちもかなりの数るといわれている。

ISIL支配域へ渡航した女性たちの役割は，当初，戦闘員の妻となり，同行

した，あるいは現地で誕生した戦闘員との子供たちの養育が主であったとみられている。しかし，戦況がISIL不利に転じるようになったためか，彼女たち，更には子供たちまでが戦闘へ参加することを考え，一定の軍事訓練等を受けているとされている。とりわけ子供たちには，戦闘技術のほかに，ISILが広めている極端に過激な思想で教化されている可能性があり，幼年期や就学年齢にある子供たちが受けた過激思想の影響は，その後，彼らが成長し，青年，成人となるにつれても，何からの特別な措置を経ない限り，反社会性を増す可能性，更には彼らの周辺にも悪影響を及ぼし続けることも予想されるところである。

　自国への帰還を果たしたFTF関連の家族たちは，日常的に暴力を目の当たりにしたことによるトラウマを受けている可能性や，逆に過激思想の影響を強く受けて反社会性を増していることもあり，彼らの帰還を受け入れた各国にあっては，早い段階で彼らが社会復帰できるようリハビリテーションや，脱過激化プログラムによる支援が必要であるということが指摘されている。ただし，脱過激化プログラムについては，テロ関連犯罪で収監中のテロリストたちを対象に行われている国もあるが，プログラムは対象者全てには有効ではないために，その効果を疑問視する見方もあり，FTF問題の奥の深さを現代社会に突きつけることにもなっている。とはいえ，社会によるFTF対策への関与を継続させることが肝要なのだろう。

7　航空機の利用と航空機利用テロ

　FTFたちが国境を越えて移動する際の手段としては陸路あるいは空路，場合によっては海路も用いることもあるのだろうが，安全にしかも迅速かつ長距離を移動するための手段として民間航空機を選択することは理に適っているだろう。そのために必要な旅券等の渡航文書や資金があれば，おそらく空路を選ぶことは想像に難くない。我が国のように，周囲を海で囲まれ，入国の手段が限られる国では空港での出入国対策は最大のFTF対策であり，我が国も危機感をもって空港における出入国管理等の強化を進めているところである。しかし，この方面での対策で最も重要なのは，他国との連携協力

外国人テロリスト戦闘員　**19**

がうまく機能するということであり，テロリストに関する情報共有を一層進めていくことが肝要であろう。

　一方，航空機を利用したテロということでは，9.11米国同時多発テロを始めとして，アラビア半島のアル・カーイダが2回まで企図して失敗した米国行き航空機の爆破計画など，アル・カーイダに特徴的な犯行形態の一つのように受け止められていたが，2015年10月，エジプト・シナイ半島上空で発生したロシア民間航空機爆破事件でイスラム国シナイ州が犯行声明を出しているように，ISILやISILの影響を受けた者たちも，こうした事件を企図していくことは十分に考えられる。事実，2017年7月，オーストラリア当局が摘発した事件では，ISILメンバーと家族関係にある者たちが，ISILの指示と支援を受けて，航空機内に爆発物を持ち込み爆発，あるいは硫化水素のガスを密閉性の高い航空機のキャビンにおいて発生させ多くの乗客，乗員を死傷させることを企図していた。幸い，事前に摘発されたために，大惨事に至ることはなかったが，この事件での失敗から学んだ者たちが，再び機会をうかがうこともあり得る。

　9.11事件やその後に発生した航空機を狙うテロ企図，未遂事件を経て，航空機や空港の保安体制は強化されているが，常に新たな手段を練り上げようとする者たちがいるということは肝に銘じておかなければならないだろう。

8　刑務所の問題

　刑務所に収監されているテロリストが，テロと無関係の罪で服役している他宗派の囚人の改宗を促したり，また一般の囚人たちの過激化を触発したりすることで，テロリストを再生産する培養所になっているという指摘が行われるようになって，久しい。幸いにして我が国においてこれと同じ状況があるという話は聞かない。しかし，収監されている囚人の数が慢性的に収容許容人員の限界，あるいはそれを越えているために，刑務所内での過激化までは手が回らないという国もあることだろう。あるいは人権上の問題もあり，テロリストや既に過激派として知られる者との接触を，何ら刑務所内規定の違反もなく禁止することができないという場合もあるだろう。

ただし，テロの対策は治安当局だけで行うものではなく，今日では広く民間の力も用いてテロの発生や，過激思想の広まりを防止しようとする動きがある中で，既に問題として指摘され続けることを放置することはできないであろう。2396が示す懸念を関係各国も共有し，今後，更なる改善が図られることを期待したい。

9　おわりに

　FTF問題は，上述のとおり歴史をひもとくと，アフガニスタンへ侵攻したソ連軍と戦うために渡航してきた戦闘員たち，いわゆるアフガン・ベテランの頃にまで遡ることができ，既に数十年にわたって続いているものであって，決して新しい現象ではない。アフガン・ベテランたちも，ソ連軍撤退後には新たな戦いの場を求めて，ボスニア，チェチェン，ソマリア，アルジェリア，インドネシア，フィリピンなどへと「リロケイト」あるいは「リターン」し，それぞれの地においてテロ活動を続けていったのである。しかし，今日のFTF問題は，単に「歴史は繰り返す」という見方では終わらない，アフガン・ベテランの頃以上の衝撃を国際社会に与え得るものとして捉えられている。

　それは，アフガン・ベテランたちの数が数千から１万ほどとみられているのに対して，イラク・シリア渡航者たちだけでも３〜４万人という，数倍以上の規模になっている可能性があること，その中には次世代のFTF予備軍にもなり得る子供たちもいること，更に，90年代にはなかったソーシャル・メディアの力を借りることによってどこからでも影響力を世界中に及ぼすこともできるという点からもいえることである。

　国連安保理が，2014年に2178，そしてこれをアップデートさせた2396を2017年末に採択させたのは，これから先も更に大きくなる可能性のあるFTFによる衝撃を国際社会が受け止めるための準備をするよう警鐘を鳴らしたのであって，関係国，関係機関は連携してこの脅威に立ち向かう義務を負っているといっても過言ではない。

　翻って我が国についてみると，ISILやアル・カーイダなどのテロ組織に参

外国人テロリスト戦闘員　21

加している日本人がほぼ確認されていないことや，地続きの国境を有しないことから，FTFが当局に察知されずに入国するのは困難であろうとも考えられるかもしれない。しかし，2000年代前半にはフランス人アル・カーイダ関係者リオネル・デュモンが偽造旅券で我が国に入国して新潟市などに滞在していたことや，後に，9.11米国同時多発テロの計画人の一人となったクウェート育ちのパキスタン人，ハリド・シェイク・モハメドが，アフガニスタンにあったテロリスト・キャンプでの訓練を終えた直後，静岡で企業の研修を受けていたことなどのように，我が国もFTFたちとは無縁の地ではなかったのである。テロ対策に関わる者たちは，こうした事実を決して忘れてはいけないのであって，先に述べたように国際社会が緊密に連携しなければならないFTF対策において，我が国が抜け道となってしまうことがないよう，あるいは我が国を狙う者の潜入を食い止めるためにも，FTFがもたらし得る衝撃に向かって十分な準備体制を取り，警戒を続けなければならない。

スポーツ・イベントを標的としたテロ

鶴ヶ崎　怜之

1　はじめに

　我が国では，2019年のラグビー・ワールドカップや，2020年の東京オリンピック・パラリンピック競技大会（以下「東京大会」という。）等，世界規模のスポーツ・イベントの開催を間近に控えている。歴史を振り返ると，こうした大規模スポーツ・イベントは，これを狙ってテロを行えば世界中の注目を浴びるという効果があるため，テロリストたちから格好の標的と見られているといえる。各国の治安当局もこのような懸念を共有しており，各種テロ対策に重点を置いた警備計画を策定し，実施しているところである。

　本稿では，イスラム過激派又はその思想に影響を受けた者によるスポーツ・イベントを標的としたテロの危険性について検討することを目的とし，まず，

　　○　スポーツ・イベントが標的となった事案

　　○　オリンピック（以下「五輪」という。）に伴うテロ関連動向

　　○　スポーツ・イベントに関連するイスラム過激派のプロパガンダ

を中心に確認したい。その上で，イスラム過激派がスポーツ・イベントや五輪をどのようにみなしているかを検討し，東京大会等に対する脅威をどのように評価すべきか，考察してみたい。

2　スポーツ・イベントが標的となった事案

　まず，過去にスポーツ・イベントを標的として実行されたイスラム過激派によるテロ事案や，テロ計画摘発事例を見てみよう。被害の大小の差こそあれ，それぞれ大きなインパクトがあった事案といえる。また，各事案の犯行動機，背景についても注目したい。

(1)　ウガンダ：サッカー・ワールドカップ決勝戦の観客等への攻撃

　2010年7月11日夜，東アフリカの内陸国ウガンダの首都カンパラにあるスポーツ・バー及びレストランにおいて，相次いで3回の爆発が発生し，少なくとも74人が死亡し，80人以上が負傷した。いずれも，自爆攻撃とみられる。

　2回の爆発が発生したスポーツ・バーでは，同日，南アフリカ共和国で開催されていたサッカー・ワールドカップの決勝戦（オランダ対スペイン）を放映するための大型のパブリック・ビューイングと数百人分の客席が屋外に設置され，多くのサッカーファンが飲食しながら観戦していた。爆発は，試合残り時間僅かとなったところで，数分の間隔で2回連続して発生した。これにより，約60人が死亡したとされる。また，別の爆発があったレストランは，サッカー・ファンに人気の店であり，多くの外国人が訪れることでも知られていた。ここでの爆発では，約15人が死亡したとされる。

　一連の事件に関し，翌12日，東アフリカのインド洋沿海の国ソマリアを拠点とするアル・カーイダ（AQ）系の過激派組織アル・シャバーブ（AS）が，犯行を主張する声明を発出し，「我々は，ウガンダ及びブルンジ（アフリカ東部の内陸国）に対してメッセージを送る。これらの国がソマリアからAMISOM軍を撤退させなければ，爆発は続くだろう。そして，それはブジュンブラ（ブルンジの首都）でも起こるだろう。」と主張した。AMISOMとは，アフリカ連合ソマリア・ミッションの略称である。政情が不安定で，自力でのAS掃討が困難な状況にあるソマリアに対し，アフリカ連合の諸国が軍隊や警察部隊を派遣し，同国政府による治安維持をサポートする取組を指す。

ASは，サッカーという競技や試合そのものには言及していないが，多くの人が参集する場所や機会を狙ったのは間違いない。また，警備が厳重な試合会場と比べ，レストランへの攻撃は極めて容易であるといえ，大規模な被害を発生させることを可能にしたとも評価できる。

⑵　ボストン・マラソンに対する爆破テロ事件

　2013年 4 月15日午後 2 時49分頃，米国マサチューセッツ州ボストンで開催されていたボストン・マラソンのゴール付近において，相次いで 2 回の爆発が発生し， 3 人が死亡，260人以上が負傷した。犯行には圧力鍋爆弾が使用され，殺傷能力を高めるため，内部に金属製部品が仕込まれていた。

　実行犯は，キルギスに生まれ，米国に移住していたチェチェン系の兄弟であった。 2 人は，警察官を射殺したり，一般人の車両を強奪したりして逃走したが，警察によって発見され，兄は警察との銃撃戦で撃たれ，また，逃走しようとした弟が運転する車両にひかれるなどして死亡した。一方，弟は，逃げ込んだ民家の敷地内にあったプレジャーボートの中に隠れているところを発見され，逮捕された。弟は，同年夏に起訴され，2015年 4 月にボストン地裁で有罪が確定し，同年 5 月，死刑判決を受けている。

　兄弟は米国で育ち，10年以上にわたって生活しており，いわゆるホームグローン・テロリストと評価することもできるだろう。兄弟のみで攻撃を計画，実行しており，テロ組織とはつながりがなかったとも供述しており，テロ組織と関わりのない個人（又はそのグループ）が，プロパガンダに影響されて引き起こした，ローン・ウルフ型のテロであるとも言い得る。

　犯行の動機に関し，逮捕された弟は，イラク及びアフガニスタンにおける米国の軍事行動でムスリムが殺害されていることなどを理由に，米国に対する攻撃を志向するようになったと供述している。一方，兄は米国での生活に馴染めず，不平を漏らしていたともされる。

　犯行のタイミングに関し，兄弟は当初， 7 月 4 日（米国の独立記念日）にすると計画していたが，予定よりも早く爆弾を製作できたため，実行日を前倒ししたとされる。なお，犯行日の 4 月15日は，マサチューセッツ州では愛国者の日（Patriots' Day）と呼ばれる日であった。犯人らは，こうしたタイミングで攻撃を成功させれば，大きな反響を与えることになると勘案したと

も思われる。元々，米国の独立記念日を実行予定日としていた点を捉えても，実行犯らが米国をいかに憎悪していたのかがはっきり分かる。

本件では，過激派組織からの犯行声明は発出されていない。一方で，犯人らが使った圧力鍋爆弾は，AQ関連組織であるアラビア半島のアル・カーイダ（AQAP）が，オンライン機関誌『インスパイア』の創刊号を始めとする数号の誌面でその製造方法を詳細に紹介している（この内容については，別稿「『インスパイア』で紹介された手製爆発物」（50頁）で詳しく解説されているので，御確認いただきたい。）。実行犯らが過激化していく過程で，こうしたテロの手法を手ほどきする資料を参考にして実行に移したことは間違いなく，また，AQAPも，事後に本件を高く称賛している（詳しくは本稿後半で論じる。）。

⑶　フランス対ドイツのサッカー国際親善試合（パリ同時多発テロ）

2015年11月13日の夜，フランス・パリにおいて，劇場，スタジアム，レストラン等をほぼ同時に攻撃するテロ（自爆及び銃撃による。）が発生し，合計で130人が死亡し，数百人が負傷した。

本件では，まず，フランス対ドイツのサッカー国際親善試合が開催されていた国立競技場が標的となった。午後9時20分，自爆ベストを着用した男が，競技場への入場を試みたものの，入場口のセキュリティ・チェックで不審物を検知され，入場を拒否された後，自爆した。この爆発により，自爆犯以外に通行人1人が巻き添えとなって死亡した。当局が爆発の対応に追われる中，同9時30分には，同競技場の別の入場口で2人目が自爆した。さらに，9時53分には同競技場付近の飲食店前で3人目が自爆した（2件目と3件目では，自爆犯のほかに死傷者はいなかったことが幸いである。）。

これらの爆発とほぼ同じタイミングで，パリ市内のレストラン，バー及び劇場において，銃撃，自爆攻撃が発生した。現場の一つとなった劇場では，ロック・バンドが公演中で，観客が密集する中，自爆ベストを着用した犯人が銃を乱射し，89人が死亡，100人近くが負傷した。そのほかのレストランやバーでも，数十人が死傷した。

事件後，ISILが本件に関する犯行声明を発出し，フランスを始めとする西側諸国が十字軍を率いてイスラム諸国を攻撃していることを批判し，それを

やめない限り，死臭が鼻から離れることはないだろうなどと主張した。また，翌年1月24日には，生前の実行犯らがコメントする様子を収録したビデオ映像がインターネット上に発出され，実行犯らはその中で，フランスを含む有志連合参加国には既にイスラム国の戦闘員が潜伏しており，攻撃を実行してみせると脅迫している。また，有志連合参加国の国民は，どこにいてもイスラム国による攻撃の標的となるとも警告している。

なお，本件は，ISIL中枢が入念に計画し，シリア・イラクから戦闘員を送り込み，具体的指示を送って実行させた「中枢直轄型」のテロ事件であると評価されている。同競技場で開催されていたサッカーの試合は，テレビで生中継されており，大

場内のグラウンド部分に避難する観客ら
（出典：GETTY IMAGES）

きな注目を集めていたイベントであった（当時の録画映像を見ても，競技中に爆発音がはっきりと聞こえる。）。犯行当時，オランド大統領らが試合を観戦しており，攻撃の巻き添えになっていた可能性もある。

本件では，自爆犯の競技場内への入場を阻止できたという面では，セキュリティ・チェックが効果的に機能したと評価できる。しかし，ISILが，サッカーの国際試合というソフト・ターゲットに対する攻撃を実行したというインパクトは大きく，同時に実行されたテロ攻撃全体としての被害は甚大で，人々に多大な恐怖心を与える結果になったといえよう。

(4) サッカーのロシア・ワールドカップ予選試合に対するテロ計画

次に，最近の事例として，2018年にロシアで開催されるサッカーのワールドカップ（以下「W杯」という。）の予選試合を狙ったテロ計画の事例を見てみたい。

コソボ警察は，同国内で開催されたW杯の予選試合等に対するテロ攻撃を計画していたとして，2016年11月4日から15日にかけて，コソボ人18人及びマケドニア人1人を逮捕し，関係先を捜索して武器，爆発物等を押収した。

犯人グループは，コソボを含むバルカン半島の諸国で，同時多発的な攻撃を実行することを計画していたとされ，2016年11月12日に開催されるイスラ

エル対アルバニアのW杯予選試合が，標的の一つとなっていた。

　本件の首謀者は，シリア・イラクの紛争地域で活動しているアルバニア系コソボ人のISIL戦闘員であったとされる。同人は，SNS等を通じてコソボにいる犯人グループと連絡を取り合い，作戦を指揮していた。最近では，このように，紛争地域にいるISIL戦闘員が，SNS等を通じて出身国等にいるISIL支持者らと連絡を取り合い，これらをリクルートし，扇動し，あるいは具体的な攻撃対象や手法を示して，自国等でテロを実行させるという，いわゆる「コミュニケーション型」のテロの脅威が指摘されるようになっている。各国の出入国管理の強化などもあり，シリア・イラクを始めとする紛争地域への渡航が困難となっている現在，組織中枢から遠隔操作された者によるテロの発生が懸念されるところである。

3　五輪に伴うテロ関連動向

　次に，過去に五輪を攻撃対象とした事例等，五輪の開催に伴うイスラム過激派関連のテロ動向を概観してみたい。

⑴　ソチ五輪（2014年2月開催）関連

　2013年7月2日，コーカサス首長国（Islamic Emirate of Caucasus：IEC）の指導者のドク・ウマロフがビデオ声明を発出し，ソチ五輪について，「我々の先祖たちの遺骨の上で行われる悪魔の舞踏」などと述べ，あらゆる手段を用いてその開催を阻止するよう努めることは（ムスリムの）義務にほかならないと断言し，五輪を攻撃するよう支援者に呼び掛けた。

　IECは，2007年頃に設立された，ロシアの北コーカサス地方を主な活動域とするAQ系の過激派組織である。カスピ海から黒海にまたがる領域に，シャリーア（イスラム法）に則ったカリフ国を建設することを目的としており，ロシア政府を攻撃対象として，国内で爆弾や銃撃によるテロを実行していた。IECにとって，ロシアが開催するソチ五輪は最も優先すべき攻撃対象であり，なんとしても阻止しなければならないイベントであったといえるだろう。ロシア当局もその点を十分警戒し，厳重な警備措置がとられ，幸いにも，同開催中にテロの発生は見られなかった。

28　第1章　イスラム過激派の動向と我が国へのテロの脅威

⑵　リオ五輪（2016年 8 月開催）関連

　2016年 7 月17日，アンサール・アル・ヒラーファ・ブラジル（「ブラジル
のカリフ国の守護者」を意味する。）を名乗る者が，同名義のテレグラム・
チャンネルにおいて，ISILの指導者バグダーディに忠誠を誓う旨のアラビア
語のメッセージを掲出した。南米地域の出自を名乗る組織としては，ISILへ
の忠誠を誓った初めてのケースとされる。ただし，組織の規模や実態は不明
である。

　一方，同年 7 月21日から24日にかけて，ブラジル当局は，五輪開催中のテ
ロを計画していた疑いで，ブラジル国籍の12人を逮捕し，関係先を捜索し
た。このグループについては，ISILのプロパガンダに感化された者らが，主
としてオンライン上でつながりを持ち，テロ計画を相談していたものの，十
分に組織化された者たちではなく，ISIL等の過激派組織と直接のつながりも
なかったとされる。当局幹部によれば，グループのメンバーはテロを実行す
るための訓練を受けた者たちではなく，オンライン上で「射撃方法の訓練を
始めよう」「武術の訓練を始めよう」といった程度のチャットをしていたに
過ぎず，また，通信販売で銃器の購入を試みるなど，当局による監視を警戒
する者であればおよそやらないような行動も見られたとされ，具体的な計画
の立案にはほど遠い状態であった。

　この事案は，五輪を控えた段階で，危険分子を隔離すべきという観点で予
防的な措置を講じ，脅威を封じ込めることに成功したケースとも評価でき
る。

4　スポーツ・イベントに関連するイスラム過激派のプロパガンダ

　次に，イスラム過激派組織が，スポーツ・イベントを標的とすることをプ
ロパガンダの中でどのように評価しているのかを確認してみたい。これらの
中には，既に述べた事案を成功例として取り上げ，類似した攻撃を呼び掛け
るものも見られる。

⑴　『インスパイア』11号

　2013年 5 月30日に発出されたAQAPのオンライン機関誌『インスパイア』

11号では，これより1か月半前に発生したボストン・マラソンテロを大きく取り上げ，若きムスリムの能力を誇示し，ローン・ジハード作戦（イスラム過激派分子が，組織的な指揮・支援なしで行うテロ攻撃を意味する。）の力を見せつけたなどと高く称賛した上で，その攻撃手法を分析し，同様の攻撃を続けるよう，読者たちに呼び掛けている。

また，実行犯が，逮捕後の取調べで，『インスパイア』に掲載されていた爆弾の製作法等の手引きを事前に読んでいたと供述したことを例示し，「そのとおり。この兄弟は，『インスパイア』によってインスパイア（感化）されたのだ。」と記している。AQAPは，攻撃そのものとは直接関係がなかったと主張しているので，実質的な犯行声明とはいえないが，自組織のプロパガンダが強く影響を及ぼした成功例として，自画自賛しているといえよう。

なお，同号では，米国及びその同盟者を攻撃する上で，公道，大学構内，祭礼行事，スポーツ・イベント等，いかなる場所・機会においても攻撃の準備をするよう呼び掛けており，明示的にスポーツ・イベントを標的として挙げていることも，注目すべきところである。

⑵ 『インスパイア』12号

2014年3月14日に発出された『インスパイア』12号では，ローン・ウルフ型テロの手法等を指南する特集記事「オープン・ソース・ジハード」の中で自動車爆弾による攻撃を紹介しており，ここでも，何万人もの人々が集まるスポーツ・イベントを標的の一つとして例示している。

狙うべき国としては米国を最優先としつつ，英国やフランス等も挙げ，米国であればテニスのUSオープンの試合会場，英国であればサッカーのプレミア・リーグや国際試合が開催されている際の競技場を標的とするよう明示している。そして，攻撃の最良のタイミングは，これらの場所での試合が終わる瞬間であるとし，競技場から帰ろうとする観客が密集する出入口を狙えば，より効果的であると指南している。

なお，同記事では，「重要なのは，標的が建物（そのもの）ではなく，人々であるということだ。」と念押ししている。過激派組織が，敵とみなす西側諸国の市民を一人でも多く殺傷すべきであるという執念を持ち，執拗にテロを志向している姿勢が現れているといえるだろう。

(3) その他の関連動向

2017年秋頃から，ISIL支持者とみられる者たちが，SNSを通じて，2018年に開催されるW杯ロシア大会への攻撃を呼び掛けている。

アル・ワファ・メディア・ファウンデーション（AWMF）を自称している組織，あるいは個人は，これまでSNS上で発出している画像などの内容から，ISIL関係者あるいはISILを指示する者（たち）からなっているとみられる。AWMFは，2017年10月以降，W杯ロシア大会への攻撃を呼び掛けるポスターをインターネット上に相次いで掲出しており，その中には，アルゼンチン代表のリオネル・メッシ選手やブラジル代表のネイマール選手等，世界的に有名な選手の顔写真をコラージュし，覆面姿の戦闘員がこれら選手を斬首する様子を描いたものも確認されている。サッカーファンだけでなく，多くの人々の関心を引き付けたと考えられ，大きく報じられた。

SNSに出回っているポスター
（出典：THE SUN）

その他のポスターでは，競技場の爆破や車両を利用したテロを描写した画像も用い，こうした攻撃が行われる可能性を示唆している。過去にISILやその支持者たちが西側諸国等で行ってきた手法をなぞらえるものであり，過激派分子たちに対し，W杯ロシア大会が攻撃対象の一つとなり得るということを意識付ける効果はあるといえ，これに扇動されて実行に移す者たちが現れる可能性も否定できないだろう。

5 東京大会等への脅威評価

以上のような状況を踏まえ，イスラム過激派が，東京大会を始めとする我が国で開催されるスポーツ・イベントをどのようにみなし得るか，その脅威

をどのように評価すべきか，考察してみたい。

⑴　**過激派がスポーツ・イベントを狙う背景**

　過去のスポーツ・イベントを狙った事例を見るに，ウガンダの事件では AMISOM軍のソマリア進攻が，ボストン・マラソン事件では米軍のイラク・アフガニスタン派兵が，パリ同時多発テロではフランスの有志連合への参加が，そしてソチ五輪に対する攻撃の呼び掛けには潜在的な反ロシア感情が，それぞれ事件の背景として挙げられる。つまり，スポーツそのものがイスラムの教義に反するとか，世俗的であるという点を捉えて敵視した上での犯行というよりも，イスラムの共同体が現に受けている様々な苦難があって，その原因となるものへの報復として，注目度の高いスポーツ・イベントを標的にしているという意味合いが強いと見ることができよう。そして，こうした論法には，過激派分子たちとしても大いに共感できるのではないだろうか。

　過激派組織は，人的・物的被害の大なることを目指すだけではなく，政治・経済の中心地等，シンボリックな対象を標的とすることでのメッセージ性をも重視している。彼らは，自組織の主義主張を広く世界に示し，彼らの敵である欧米諸国に反イスラム的な政策を変更させるように迫るための手段の一つとして，注目度の高いスポーツ・イベントを標的とする攻撃を活用していると評価できる。

⑵　**ローン・ウルフ型のテロの脅威**

　ISILやAQといったテロ組織と直接の関連がない個人やそのグループが実行するローン・ウルフ型のテロにも，注意が必要である。例えば，リオ五輪に伴うテロ計画事案で摘発されたのは，オンライン上でつながりのある「素人」の集まりであったとされ，宗教的動機に駆り立てられたというよりも，社会への不満が高じてテロを計画した可能性すらある。

　西側諸国で見られる最近のテロは，車両やナイフ等，入手が容易な手段によるローン・ウルフ型のものが主流になっており，治安当局がこうした兆候を事前に把握することは困難となってきている。過激派組織との直接のつながりはなかったとされるリオの犯人グループも，こうした手法を用いて攻撃することは可能であったはずだ。万が一にも，こうした犯人が五輪の開催に伴って攻撃を行い，その成果をSNS等で拡散するなどしていれば，社会に

与えるインパクトは大きなものになっていたはずである。

(3) プロパガンダの展開

　W杯ロシア大会へのテロを呼び掛けているAWMFのように，SNS上で活動する組織や個人については，テロ組織との直接の関係性を評価するのは難しいものの，これらが発するプロパガンダには注目すべきだ。今後，AWMFやそれに類似するような者たちが，過去にISIL等が広めてきた主義・主張を踏襲しつつ，注目度の高い標的を挙げて，独自にプロパガンダを展開することが見込まれる。こうした中で，「五輪を狙ったテロ」がもたらし得るインパクトに意義を見い出し，実行に移す者たちが出てくる可能性も十分に考えられるだろう。

　もし，東京大会等を標的とするようなプロパガンダが発出されれば，それを目にした過激主義者たちはどう受け止めるだろうか。たとえ，テロ組織そのものからの直接的な指示でなくとも，過激派分子たちの心を動かす上では十分な燃料となり，あるいは，テロ実行に踏み切る直接的な着火剤となり得るのではなかろうか。不満を抱える者たちが，五輪という明確なターゲットを志向して，入手が容易な手段を用い，ローン・ウルフ型のテロを実行する可能性は否定できないだろう。

6　おわりに

　これまで見てきたように，過激派組織が，大規模なスポーツ・イベントを格好の標的として捉えていることは明らかである。また，こうしたイベントを狙ったテロが過去に実際に発生していることを踏まえれば，東京大会等に対する潜在的な脅威は高いと評価せざるを得ない。

　平和の祭典といわれる五輪を安全に開催する上では，これに対する脅威を適正に評価した上で，関係機関が連携した水際対策の強化，官民連携によるテロの「兆し」の早期把握や会場周辺における警備の徹底等，複合的な警備諸対策の推進が極めて重要になるといえるだろう。

車両突入によるテロ

〜"easy-to-use tools" が真の凶器となる脅威〜

鶴ヶ崎　怜之

1　はじめに

　2016年以降，欧米諸国において，車両で歩行者に突入してはね上げ，多数を死傷させる事件が相次いで発生している。テロリストはこれまで，攻撃手法の一つとして自動車爆弾を多く利用してきた。しかし，この場合，車両は爆弾という武器を運搬し，隠匿し，場合によっては目標（物，施設等）への接近を容易にするための手段（例えば，攻撃対象の建物の門扉を突き破り，警備員を排除するなど。）として用いられている。一方で，現在見られるような，車両そのものを武器とする，つまり「用法上の凶器」とする手法は，テロの実行を極めて容易にしているといえよう。

　アル・カーイダ（AQ）やISILは，インターネット上に発出する声明等を通じ，欧米諸国でテロを行うよう呼び掛けており，オンライン機関誌では，狙うべき標的や手法を示している。現在，これらの中には，車両や刃物等，入手・使用しやすいもの（物）を用いた手法を勧める記事が目立ってきている。過激派組織に属さない，いわゆるローン・ウルフと呼ばれるテロリストたちは，こうした記事等に影響を受け，多くの場合，自力でテロを実行する。そして，過激派組織の方は，プロパガンダでこうしたテロの実績を取り上げ，称賛するとともに，改めて手法を解説し，更なるテロの実行を呼び掛

ける……，ということが繰り返されている。

　米国国土安全保障省は，2017年5月に発出した「公報（Bulletin）[*1]」において，「テロ組織は，公共の場所や行事を標的とし，使用しやすい道具（easy-to-use tools）を取り入れて攻撃するように呼び掛けている。」と評価しており，日常生活の中にある道具が，真の凶器となって使われる脅威が身近に迫っていることに，警鐘を鳴らしている。

　本稿では，「使用しやすい道具」によるテロの中でも，車両を武器として用いる事件にテーマを絞り，過激派組織が，そのプロパガンダの中でどのようにこうしたテロを扇動し，それに影響を受けてどのような事件が発生しているのかについて，時系列に沿って検討してみたい。

　なお，取り上げた事件は，本稿を執筆している2017年12月末現在のものを最新としている。また，意見にわたる部分は，筆者の私見であることをお断りしたい。

*1　National Terrorism Advisory System Bulletin. 2017年5月15日発行。www.dhs.gov/advisories.

2　プロパガンダと事件の関係

　過激派組織のプロパガンダの中で，車両を武器として用いる手法を取り扱って，まず注目を集めたのは，アラビア半島のアル・カーイダ（AQAP）のそれであろう。

□　AQAPのオンライン機関誌『インスパイア（INSPIRE）』2号

　2010年10月発行の『インスパイア』2号に掲載された記事，「究極の人刈機（THE ULTIMATE MOWING MACHINE）」の中で，四輪駆動のピックアップ・トラックの前部に鋼鉄の刃を装着し，人々を「刈り

インスパイア 2号（2010年10月11日発行）

上げる」手法が提案されている。人で混雑した狭い場所を狙い，ほかの車両がないタイミングで，可能な限り高速度で突入することを呼び掛けている。

　AQAPが，なぜ車両突入という手法に思い至ったのかという背景は分からない。しかし，「体当たり」というシンプルな攻撃スタイルは，民間旅客機をビルに突入させた「9.11米国同時多発テロ」を想起させる。そういう意味では，アル・カーイダらしい発想といえるのかもしれない。

　しかし，その後，にわかにこの手法を模倣した事件が増えたということはなかった。車両自体は入手しやすいものの，記事が示した「鋼鉄の刃を装着」して「人々を刈り上げる」というアイデアは，現実的ではなかったのかもしれない。

□　ISIL公式報道官による音声声明（2014年9月21日）

　2014年6月29日の建国宣言から約3か月後，ISILの公式報道官（当時）であるアドナニが，インターネット上に音声声明を発出。その中で，「不信心な米国人，ヨーロッパ人のほか，イスラム国と戦う有志連合に参加する国の市民を殺害できるのであれば，いかなる方法でもいいので殺せ。」と支持者たちに訴え，攻撃対象の裾野を大きく広げた。また，その手法については，「IED（手製爆発物）や弾丸が見つからないのであれば，岩で頭を打撃する，ナイフで虐殺する，車両でひく，高いところから突き落とす，首を絞める，毒を盛るなどせよ。」と呼び掛けた。

　この声明の中では，テロ組織が過去に用いてきた爆発物や銃等の武器を用いることに固執せず，様々な手法が可能だと示した点が注目されることとなった。つまり，「『テロ』といえば，爆弾や銃器を使うもの」というステレオ・タイプがあるとするならば，この声明は，実は誰でも考えつくような手段が，テロの攻撃手法になり得るのだという発想に，目を向けさせるきっかけになったといえるのではないだろうか。

　また，現在続発している車両突入事件では，車両が何らかの原因で停止しても，犯人らが降車して，刃物で襲撃を続けるという態様が見られる。アドナニが，この当時，車両と刃物という現在のトレンドをあらかじめ提示していた点は，興味深い。

　次に，こうしたプロパガンダが実行に移された例を見てみたい。

事案① カナダ：モントリールにおける車両突入事件

　2014年10月21日，モントリオール近郊の商業施設駐車場内で，付近の駐屯地に所属する兵士２人（制服姿）が車両（セダン型乗用車）に轢過され，１人が死亡した。運転手は逃走したが，警察官によって射殺された。犯人は，ケベックに住む改宗ムスリムであった。

　本件は，先に述べたアドナニによる声明の発出からちょうど１か月後に発生しており，同声明の影響を受けた事件と考えられる。この時期，ISILはイラク・シリアにおいて一定の領域支配を確立させ，同地域を主戦場とし，世界中のムスリムにヒジュラ（移住）を呼び掛けていた頃であり，本件に対する注目度はあまり高くなかったともいえる。

　この事件から約２年間，車両突入によるテロの発生は見られなかったが，[*2] イラク・シリアにおけるISILの劣勢が伝えられるようになった頃，世界を震撼させる事件が発生することとなる。

　　＊２　同様の手法を用いた事件は，この後，フランスにおいて2014年12月や2016年
　　　　１月にも発生しているが，これらの事件では犯人らの精神状態が不安定であっ
　　　　たなどとも報じられており，本稿では取り上げていない。

事案② フランス：ニースにおける車両突入及び襲撃事件

　2016年７月14日午後11時頃，フランス南部のニース市内にある海岸沿いの通りにおいて，７月14日の祝日を記念して行われた花火を見物するために集まっていた人々の中に，大型トラックが突入した。犯人は，次々に見物客らを轢過しながら約２キロメートルを走行し，発砲した警察官に対し，携行していた銃で応戦した。一連の攻撃で，86人が死亡し，200人以上が負傷した。犯人は，ニース在住のチュニジア人で，警察との銃撃戦の後，射殺された。

　犯行に使用された大型トラックは，レンタカーである。監視カメラの映像から，犯人は同車両で現場の下見を繰り返した上で，犯行に及んだものとみられている。７月16日，ISILが犯行声明を発出した。

　本件は，これ以降に多発する車両突入事件のモデルケースになったといえる。さらに，次に示すとおり，AQAP及びISILがプロパガンダにおいて本件を大きく取り上げ，高く称賛しており，これがさらに，自力でジハードを実

行しようとする者の心に，大きく響いたといえるだろう。

☐　AQAP機関誌『インスパイア・ガイド（INSPIRE GUIDE）』2号

　2016年7月21日に発出された，ローン・ウルフ型のテロの指南書『インスパイア・ガイド』2号では，本件が特集され，7月14日というフランスにとって重要な記念日に多数の死傷者を出した成功例として，高く称賛されている。加えて，車両の使用という手法に関して，「治安機関が，爆発物を製造するための原材料に注目していた時にあって，（実行犯は）元々，一般市民が用いている物を，新たな武器としたのである。そのため，彼が車両を入手し，これを運転し，更に，攻撃に及んだ時ですら，彼は，何ら（当局の）注意を引き付けずにいることを可能としたのである。」と解説し，治安機関の裏をかいた効果的な作戦であったと高く評価している。

☐　ISIL機関誌『ルーミーヤ（RUMIYAH）』3号

　本件は，2016年11月11日に発出されたISILのオンライン機関誌『ルーミーヤ』3号の記事「正義のテロ戦術」（Just Terror Tactics）のコーナーでも特集され，「車両はナイフと同様に入手が容易であり，また，群衆に突入させれば，多くの不信心者を殺害できる効果的な手段である。」と高い評価を受けている。また，本記事では，理想的な車種として，貨物車，大型車，高速走行が可能な車両，重く破壊力がある車両等を挙げ，一方，効果がある標的として，屋外の大規模集会や記念行事，歩行者が密集した道路，屋外市場，祭礼，パレード及び政治集会を例示している。

　改めて見ると，ニースの事件は，ISILとAQの双方が機関誌で取り上げ，高く評価するほど，特異な事案であったといえる。手段（凶器）の入手及び実行が容易で，特別な知識や訓練を必要とせず誰にでも実行可能でありながら，引き起こす被害は甚大で，反響も大きいなど，過激派からすれば，あらゆる面で効果的であることを示したためであろう。

　そして，この事件を皮切りに，車両突入によるローン・ウルフ型の攻撃が，欧米において相次いで発生することとなる。

事案③　米国：オハイオ州立大学構内における車両突入及び襲撃事件

　2016年11月28日，米国オハイオ州立大学の構内において，男1人が運転する車両（セダン型乗用車）が歩道に乗り上げて学生らの中に突入し，その

後，降車した男が刃物で周囲にいた者らを襲撃した。これにより，11人が負傷した（死者はなし）。犯人は，通報を受けて臨場した警察官によって射殺された。

犯人は，同大学に通う18歳のソマリア人学生で，2014年に渡米し，米国の永住権を有していた。翌29日，ISILが犯行声明を発出した。

事案④ ドイツ：ベルリンにおけるクリスマス・マーケットへの車両突入事件

2016年12月19日夜，ベルリン中心部のブライトシャイト広場において開催されていたクリスマス・マーケット会場に，大型トラックが突入。約50メートル走行しながら客らを轢過し，12人が死亡，49人が負傷した。事件後，犯人は逃走するも，同月23日，逃走先のイタリアで警察官の職務質問を受け，発砲したため，射殺された。事件翌日の20日には，ISILが犯行声明を発出した。

犯人はチュニジア人で，2011年にイタリアに不法入国し，2015年7月からドイツに居住していた。難民申請をしたものの，2016年6月に却下。国外退去となるはずだったが，チュニジア当局発行による人定確認書類の受領が遅れたため，同人はドイツに滞在し続けていた。

事案⑤ 英国：ウェストミンスターにおける車両突入及び襲撃事件

2017年3月22日，ロンドン市内の観光名所であるウェストミンスター橋において，乗用車（SUV）が橋の上の歩道を走行して歩行者を次々と轢過し，橋を渡り切った先にあるウェストミンスター宮殿のフェンスに衝突。運転手は降車し徒歩で宮殿敷地内に侵入の上，大型ナイフで警戒中の警察官（非武装）1人を刺殺

2017年6月中旬のウェストミンスター橋
（観光客に人気の名所）

した後，別の武装警察官によって射殺された。死者は，警察官1人を含む5人，負傷者は50人以上とされる。

犯人は，英国南部生まれの52歳の男であった。本件では，犯人がほかの事件と比較してやや高齢である点と，イスラム教への改宗者である点が特徴的

車両突入によるテロ　39

である。翌23日，ISILが犯行声明を発出した。

なお，本件については，AQAPも機関誌で取り上げている。

□　AQAP機関誌『インスパイア・ガイド（INSPIRE GUIDE）』5号

2017年4月7日に発出された『インスパイア・ガイド』5号では，「実行犯は，一般人の武器を（真の）武器に変化させ，政府を屈服させ，治安当局に恥をかかせた。」「疑う余地もなく，英国議会に対する作戦は，どの点においても成功であった。」などと高く評価している。攻撃対象が英国議会であったことを強調しており，本件がもたらしたメッセージ性の高さを示しているといえるだろう。

事案⑥　スウェーデン：ストックホルムにおける車両突入事件

2017年4月7日，ストックホルム中心部の繁華街で，大型トラックが路上の通行人を次々と轢過しながら走行し，その後ショッピングセンターに突入。5人が死亡し，14人が負傷した。運転手は現場から逃走したが，後にストックホルム近郊で逮捕された。

犯人は，ウズベキスタン国籍の男で，2014年にウズベキスタンからスウェーデンに移り，亡命申請したが2016年に却下。移民局から国外退去を命ぜられるも，2016年12月に所在不明となり，2017年2月には指名手配されていた。

なお，本件について，犯行声明は確認されていない。

事案⑦　英国：ロンドン橋における車両突入及びバラ・マーケットでの襲撃事件

2017年6月3日夜，ロンドン橋上で，白色のバン（レンタカー）が高速度で歩道上を走行し，歩行者を次々と轢過した。歩道上に停車後，車内から3人の男が降車し，付近のバラ・マーケットに移動し，飲食店等にいた人を，全長30センチメートルのセラミック製包丁で次々に襲撃。この事件では，車にひかれ，あるいは刃物で刺された被害者計8人が死亡

2017年6月中旬のロンドン橋（献花が絶えない）

し，40人以上が負傷した。

犯人らは，パキスタン生まれで英国籍の男，モロッコ人の男及びモロッコとイタリアの二重国籍の男の3人で，現場において射殺された。犯人は，偽の自爆ベストを着用しており，犯行車両の中には，火炎瓶様のものが積載されていた。また，犯人らは当初，7.5トン級のトラックをレンタルしようとしていたとされる。翌4日，ISILが犯行声明を発出した。

事案⑧ フランス：シャンゼリゼにおける車両突入事件

2017年6月19日，パリのシャンゼリゼ通りにおいて，セダン型乗用車が駐車中の憲兵隊車両に衝突した。衝突後，犯行車両は火災を起こし，警察官が男を車両から救出したが，その後死亡が確認された。死因は，火災で発生したガスの吸引による窒息死とされる。被疑者は，チュニジア出身の父とポーランド出身の母を持つフランス人であった。

本件では，犯人以外に死傷者はなかったが，犯人は犯行時，拳銃を携行していたほか，車内にはガスボンベ2本，ライフル銃，ナイフ及び大量の弾薬を積載しており，フランス当局は，もし本件が成功していれば，甚大な人的被害が出ていた可能性を指摘している。

ISILは，本件からしばらくたった7月13日に発行された『ルーミーヤ』11号誌上で，犯人を「カリフの戦士」と呼び，「十字軍たちの間に再び恐怖を拡散させ，戦闘が十字軍たちの本国に及んでいることを自覚させた。」と評価している。ここでも，⑤の英国でのテロと同じように，攻撃を行うことそのもののメッセージ性を重視しているという，過激派組織の志向がうかがえる。

事案⑨ フランス：パリ郊外における車両突入事件

2017年8月9日，パリ北西部郊外において，勤務交替のために兵舎前で車両に乗り込もうとしていた軍兵士らに向けて乗用車（ステーション・ワゴン型車両）が突入し，兵士6人が負傷した（うち3人が重傷）。車両は現場から逃走したが，同日，同国北部の高速道路上で発見され，警察との銃撃戦の末，運転していた男が逮捕された。

犯人はパリ郊外に居住するアルジェリア国籍の男で，治安当局の監視対象ではなかったとされる。犯行使用車両は，レンタカーであったとも報じられている。犯人は，犯行前に路地に隠れて兵士らの動向をうかがい，突入の時

車両突入によるテロ　41

機を見計らっていたとみられ，低速で兵士らに近付いた後，約5メートル手前から急加速して，兵士らを轢過したとされる。

なお，本件に関する犯行声明は確認されていない。

事案⑩ スペイン：バルセロナ等における車両突入事件

2017年8月17日，スペイン・バルセロナの有名な観光地であるラス・ランブラス通りで，白色のバン（レンタカー）が歩行者を轢過しながら，約1.2キロメートルを走行し，これにより14人が死亡，100人以上が負傷した。その8時間後，同国のリゾート地カンブリルスでも，車両（ハッチバック型車両）が歩行者を轢過する事件が発生し，1人が死亡し，数人が負傷した。

ラス・ランブラス通りの犯人は，現場から走り去り，別の自動車を強奪（運転手を刺殺）して逃走を続けたが，21日に発見され，警察官によって射殺された。犯人は，発見時，偽の自爆ベストを着用していた。

また，カンブリルスの事件では，歩行者らを轢過した後に車両は横転して停車し，車内から出てきた5人の男たちは，警察官によって現場で射殺された。ここでも，犯人のうちの数人は，偽の自爆ベストを着用していた。

犯人たちは，スペイン北東部にある町に住むモロッコ系スペイン人の若者ら総勢12人のグループで，モロッコ人のイマームが中心となっていたとされる。結果的に，8人が死亡し，4人が逮捕された。

同グループは，民家を拠点として爆弾を製造した上で，バルセロナの観光名所であるサグラダ・ファミリア等を爆破するテロを計画していた。しかし，8月16日，この民家で爆発（誤爆ともされる。事後，民家から100本以上のガスボンベが発見された。）が発生し，主犯格とみられているモロッコ人イマームを含む2人が死亡。これにより，残されたメンバーは，自力で実行できる手段として車両突入攻撃を選び，翌日に急遽，実行に移したとみられている。準備や訓練を要しないという，車両突入テロの特徴点が顕著に現れている事件といえよう。

なお，同月17日と19日の2回にわたり，ISILが犯行声明を発出している。

事案⑪ カナダ：エドモントンにおける車両突入及び襲撃事件

2017年9月30日，カナダ西部のアルバータ州エドモントンにおいて，男が乗用車で警察官1人を轢過し，降車して同警察官を刃物で数回刺し，徒歩で

逃走した。同人は，別の車両を入手して逃走したが，数時間後，検問中の警察官によって停止を求められ，歩行者を轢過しながら更に逃走したものの，車両が横転したため，逮捕された。逃走中，通行人4人が負傷した。

犯人は，30歳のソマリア出身の難民である。同人について，過激化の兆候があるとの情報が当局に寄せられ，2015年頃，当局が同人を捜査対象としていたが，証拠不十分につき，脅威とはみなされないと評価されていた。

本件の犯行声明等は確認されていないが，犯人が，警察官を轢過した後に現場に遺留した車両の内部から，ISILの旗に似たものが発見されている。

事案⑫ 米国：ニューヨーク市マンハッタンにおける車両突入事件

2017年10月31日，ニューヨーク市マンハッタン地区を走る大通り沿いの自転車専用レーンを，男1人が運転するピックアップ型トラックが約1.3キロメートルにわたり走行し，自転車に乗る人々を次々と轢過した。これにより，8人が死亡し，十数人が負傷した。

停車後，犯人は銃のようなものを手にして降車し，逃走を図ったが，警察官によって撃たれ，逮捕された。車内から手書きのメモが発見され，ISILのために実行したとの内容が記されていた。

犯人は，ウズベキスタン出身の男で，2010年に合法的に米国に入国し，永住権を得て，トラック運転手として働いていた。犯行使用車両は，事件当日，ニューヨークに隣接するニュージャージー州のホームセンターで借り上げられたレンタカーであった。犯人は，実行の数日前にも同じ車種のレンタカーを借り上げ，現場付近で運転の練習をしていた。

ISILは，11月2日に発出したアラビア語版オンライン週刊誌『アル・ナバア』104号の誌面で，本件が「カリフ国の戦士の一人による犯行」であると主張した。事実上，本件に関する犯行声明といえる。

3 車両突入によるテロの特徴点

次に，こうした事件の共通点や特徴点について，改めて整理してみたい。

○ 犯人について

車両突入によるテロの多くに関して，ISILがアマーク通信等を通じて犯行

声明を発出している。しかし，そのほとんどは「カリフ国の戦士が，十字軍を攻撃せよとの呼び掛けに応じて実行した。」といった程度の簡素なもので，犯行主体のみが知り得るような特別な情報や，秘密の暴露に当たるような内容は含まれておらず，言うなれば「事後追認型」の声明であると評価できる。実際には，攻撃の前段階で，犯人とISIL（中枢）に直接のつながりがあったケースはほとんどないとみられ，テロ組織と関わりのない個人（又はそ

近年の車両突入によるテロ一覧

No.	発生年月日	事件	犯行使用車両	
			自家用・盗品・レンタル	車種
①	2014.10.21	カナダ：モントリオールにおける車両突入事件	自家用とみられる	セダン型
②	2016. 7.14	フランス：ニースにおける車両突入及び銃器利用事件	レンタル	大型トラック
③	2016.11.28	米国：オハイオ州立大学構内における車両突入及び襲撃事件	自家用とみられる	セダン型
④	2016.12.19	ドイツ：ベルリンにおけるクリスマスマーケットへの車両突入事件	盗品	大型トラック
⑤	2017. 3.22	英国：ウェストミンスターにおける車両突入及び襲撃事件	レンタル	SUV
⑥	2017. 4. 7	スウェーデン：ストックホルムにおける車両突入事件	盗品	トラック
⑦	2017. 6. 3	英国：ロンドン橋車両突入及びバラ・マーケットでの襲撃事件	レンタル	バン型
⑧	2017. 6.19	フランス：シャンゼリゼにおける車両突入事件	自家用とみられる	セダン型
⑨	2017. 8. 9	フランス：パリ郊外における車両突入事件	レンタル	ステーションワゴン型
⑩	2017. 8.17	スペイン：バルセロナにおける車両突入事件	レンタル	バン型
		スペイン：カンブリルスにおける車両突入事件	レンタル	３ドア・ハッチバック型
⑪	2017. 9.30	カナダ：エドモントンにおける車両突入及び襲撃事件	自家用とみられる	セダン型
⑫	2017.10.31	米国：ニューヨーク市マンハッタンにおける車両突入事件	レンタル	ピックアップ型トラック

44　第1章　イスラム過激派の動向と我が国へのテロの脅威

のグループ）が，プロパガンダに影響されて引き起こした，ローン・ウルフ型のテロであったのであろう。

　犯人の中には，犯行前に治安機関や情報機関の監視対象となっていた者もいる。中には，一度は監視・捜査対象となっていたものの，後にその対象から外れていた者もいると報じられている。

　一方，車両突入事件の中で最も甚大な被害を引き起こした②の犯人につい

犯人の背景		声明等	その他
国籍等	紛争地渡航歴 特異渡航歴		
カナダ人	シリア渡航企図容疑あり	有	改宗ムスリム
チュニジア人移民	不明	有	銃器の用意あり
ソマリア移民 （永住権あり）	ソマリア生まれ パキスタン（難民キャンプ）居住歴あり	有	刃物の用意あり
チュニジア人	不明 独国内過激派との交流歴あり	有	銃器の用意あり
英国人	サウジアラビア渡航歴あり	有	刃物の用意あり 改宗ムスリム
ウズベキスタン人 亡命却下	不明	無	爆発物の用意あり
①パキスタン系英国人 ②モロッコ・イタリアの二重国籍 ③モロッコ人	①地元過激派との交流あり ②不明 ③シリア渡航企図容疑あり	有	刃物，火炎瓶の用意あり 偽の自爆ベストの用意あり
フランス人 父：アルジェリア 母：ポーランド	チュニジアへの複数回の渡航歴 チュニジアのアンサール・アル・シャリーアとの関係容疑	有	発火物の用意あり
アルジェリア人	不明	無	銃器の用意あり
モロッコ系スペイン人	不明	有	銃器の用意あり 偽の自爆ベストの用意あり
モロッコ系スペイン人 5人	不明	有	銃器の用意あり 偽の自爆ベストの用意あり
ソマリア人（難民）	不明	無	刃物の用意あり
ウズベキスタン人 （永住権あり）	不明	有	模造銃の用意あり

車両突入によるテロ　45

ては，治安当局が事前に全く把握していなかったとされる。当局にとって，こうした事件の端緒を事前に把握することが，極めて困難であるという事実は，看過できないところである。

①及び⑤の犯人のような自国生まれの者や（また，両人とも改宗ムスリムである。），外国出身であっても犯行前に既に長期間にわたってその国で生活していたような者が多い点も特徴点として挙げられる。また，本稿で取り上げた事件では，犯人の中で紛争地への渡航歴を有する者も把握されていない（ただし，企図していた者はいるとされる。）。こうした観点でいえば，犯人の多くが，非イスラム圏で生まれ又は育ちながら，自らが居住する国においてテロを実行する，いわゆるホームグローン・テロリストであるといえるだろう。

いずれにせよ，紛争地などに渡航して過激派組織と交流し特別な訓練を受けていなくても，自力で実行に移せるという点が，車両突入によるテロの特徴の一つである。どこの，誰でも，テロリストになり得る状況にあるといえよう。

○ 手段について

犯行に使用された車両は，②，⑤，⑦，⑨，⑩及び⑫の事件ではレンタカーであり，④及び⑥の事件では盗難車であった（①，③，⑧及び⑪は，犯人が所有する車両とみられる。）。ISILは，2017年5月4日に発行した機関誌『ルーミーヤ』9号の中で，テロに使用する車両の入手方法について，購入する，レンタカーを借りる，盗む，欺いて借りる，という4つの方法を提案している。

ルーミーヤ9号（2017年5月4日発行）

レンタカーを借りる際には，免許証やID等，人定事項を示す必要があり，それが記録されるおそれはある。しかし，犯人がそもそも死を覚悟しているのであれば，事件後の捜査で身元が判明し，公表されても，何ら気にする必要はないということであろう。そう考

えれば，車両の入手は極めて容易である。一方で，当局側にしてみれば，準備段階で犯行を事前に察知することは難しいといえよう。

また，⑤の事件では，犯人が犯行に使用したレンタカーを借り上げたのは犯行の数日前で，⑦と⑫の事件では犯行当日であった。特に，⑫の事件では，借り上げから僅か1時間後に犯行に及んでいる。準備のための時間をほとんど必要としないという点も，車両突入テロの特徴点といえる。

○　車両突入後の態様について

本稿で紹介した事件では，車両突入時に犯人らが死亡したことはほとんどなく，その後更に刃物や銃器での襲撃を続けて，又は逃走して警察官に射殺されたり，結果的には逮捕されたりするという顛末になっている。

各事件を見ると，③，⑤，⑦及び⑪の事件では，犯人は刃物を携行し，停車後にそれを用いて襲撃している。我が国と同じく，銃器に対する取締りが厳しい英国において，⑤や⑦のような事件が連続して発生していることは，我が国にとっても大きな懸念材料になるといえよう。

また，②，④及び⑧の事案では，犯人は銃器を携行していた。特に，⑧については，車内にライフル銃，ナイフ等を積載しており，更に重武装であったといえる。

車両以外の武器の携行については，ISIL・AQの双方が，プロパガンダで推奨している。自爆攻撃とは異なり，車両突入によるテロの場合，殉教を果たすためには，車両が停車した後も，最後まで攻撃を継続しなければいけないからだ。

なお，⑦及び⑩の事件では，犯人は偽の自爆ベスト（あるいはベルト）を着用していた。また，⑫の事件では，銃のようなもの（実際には玩具）を所持していた。生きて身柄を拘束されるよりも，警察官らによって殺害され，「殉教者」になることで，英雄視されたいという願望を反映したものともいえるだろう。

一方，④，⑥，⑨，⑩及び⑪の事件のように，現場から逃走するケースもある。こうした背景として，実は，過激派組織の方としても，必ずしも犯人に殉教を薦めるだけでなく，逃走するという選択肢とそのメリットを示している点にも注目したい。

車両突入によるテロ　47

例えば，2016年7月17日に発出された『インスパイア・ガイド』2号では，②の事件を取り上げ，実行犯が車内に偽の爆発物や武器を積載していたことは，治安当局を混乱させ，実行犯が現場から逃走する手助けになり得ると指摘している。また，同年11月12日に発行された『インスパイア』16号でも，ローン・ウルフ型のテロの実行犯が，実行後に身を隠し指紋等の証拠を除去することについて，初期捜査をかく乱することとなり，当局が実行犯の発見に時間をかければかけるほど，社会の不安は増し，作戦は成功になると指摘し，推奨している。

○　効果について

　衆人環視の中の街頭での犯行であるという点から，実害以上に大きなインパクトを与える。いつ，どこで発生するか分からないという恐怖と，日常生活の安全に対する不安を増幅させる。さらに，連続して発生すれば，治安当局，政府に対する信頼も揺らぐことになるであろう。

4　おわりに

　これまで見てきたとおり，車両突入によるテロは，当局による兆候の把握や事前対策が困難である。一方で，犯人の側からすれば，入手に手間と費用を多く要することなく，特別な技術も不要で，しかも，車両を手に入れさえすればすぐに犯行にとりかかることができるなど，準備が容易である割に大きな効果を上げることが可能で，費用対効果が高い手法であるといえる。今後も引き続き，過激派組織がこの手法を用いるように唆し，それに感化された者たちによる同様の事件が頻発する可能性が考えられる。

　また，2017年6月には，英国・ロンドンやフランス・パリにおいて，ムスリムを狙ったとみられる車両突入事件が発生している。犯行手段という点においては，もはや，イスラム過激派だけでなく，過激な思想を持つ者なら誰でも選択できる手口であり，正に"easy-to-use tools"として認識されているといわざるを得ない。

　翻って，我が国の状況を見てみよう。歩行者天国にトラックで突入して歩行者をはね，更に降車してナイフで襲撃するという，東京・秋葉原で発生し

た無差別殺傷事件は，ニースにおけるテロ事件からおよそ8年も前の，2008年6月8日に発生している。この事件は，政治的・宗教的な背景がなかったという点で，テロとは区別されるが，犯行の模様がメディアで大きく取り上げられるなど，反響の大きい事件であった。つまり，我が国においても，動機を持つ者さえ現れれば，車両突入によるテロの脅威は決して「対岸の火事」ではないのである。

　イスラム過激派に話を戻すと，その急進的な思想は，インターネットを通じて既に世界中に拡散されており，我が国においても，こうしたイスラム過激主義者を支持したり，これらによるプロパガンダに共鳴したりする者がいることが確認されている。こうした者が，我が国でローン・ウルフ型のテロを実行する可能性は否定できず，その際，車両を始めとする使用しやすい手法を用いることは懸念される。2019年のラグビー・ワールドカップや，2020年の東京オリンピック・パラリンピック競技大会の開催を控え，我が国においても，車両を使用したテロを防止する対策の徹底が，極めて喫緊な課題になっているというべきであろう。

『インスパイア』で紹介された
手製爆発物

桜　隼　人

1　はじめに

　現在，オンライン上には爆発物関連の情報が氾濫している。各国の治安当局は，これらの情報が，爆弾テロへ悪用されることや爆弾マニア等による愉快犯を生む土壌になることを懸念し，プロバイダー各社へこれらの情報の削除要請を行うなどの対策を講じているが，この種の情報が削除される一方で，同様の内容がオンライン上に投稿されるというイタチごっこが続いており，一向にこの種の情報がネット上から消え失せる気配は見られない。

　この種の情報をオンライン上に投稿・検索する者については，その全てがテロリストや愉快犯等の犯罪者というわけではなく，爆発物に少し興味があるといった者のほか，いわゆる爆弾マニアに至らない程度の者（科学マニア）たちで，その者たちの間での自慢話や情報交換を目的にオンライン上で爆発物関連の情報が投稿されているのが実情であろう。それだけ爆発という現象が，これらの者たちを魅了するに足る関心を引くテーマたる証左ともいえる。

　オンライン上に掲載されている多くの爆発物関連情報の中で，テロ組織が発行している機関誌としてその名が知れ渡っているのは，イエメンのイスラム過激派組織である「アラビア半島のアル・カーイダ」（AQAP）が発行し

ているとされる『インスパイア』で，同誌を参考にした爆発物事件が各国で発生しているのは既に御存じであろう。

　同誌は，2010年6月に発行された創刊号から現時点（2017年11月末）の第17号（2017年8月）まで，オープン・ソース・ジハードというコーナーを中心に爆発物関連情報を掲載している。このコーナーの掲載目的は，創刊号の同コーナーの副題で「あなたのお母さんの台所で爆発物を製造せよ。」との記載があるほか，第13号（2014年12月）では，「単独のイスラム戦士が簡単に入手可能な日用品の原料や資材を使用して，意を決したムスリムなら誰でも準備できるよう，我々は台所で料理を用意する程度まで（爆発物の）製造方法を簡素化することに全力を尽くした。」と記載があるように，ローン・ウルフ型による爆弾テロを技術的な面から支援をする内容となっている。

　そこで今回，同誌が今まで紹介した3つの爆発物（圧力釜を使用した爆発物，可燃性ガスを使用した爆発物，探知されない爆発物）について，筆者が気付いた点につき所感を述べてみたい。

2　圧力釜を使用した爆発物（Pressure Cooker Bomb：PCB）

　このPCBが使用された有名な事件として，2013年4月15日，米国のボストンで開催されたマラソン大会中に発生した爆弾使用事件[*1]があり，同事件では，ゴール付近に設置されたPCBが爆発し，死者3人と多数の負傷者を出した。また，2016年9月17日には，米国のニューヨーク等でアフガニスタン系米国人男性による連続爆弾使用事件[*2]が発生している。

　PCBについては，同誌の創刊号（2010年6月）のオープン・ソース・ジハードのコーナーで早速紹介されているほか，第16号（2016年11月）でも表紙にPCBの写真が掲載されていることから，爆発物の部品に圧力釜を使用することに関し，同誌が先駆者を自認しているのかもしれない。しかし，PCBについては，1971年に発刊された「The Anarchist Cookbook」まで遡れるくらい以前から存在していたものであり[*3]，我が国でも，日本の過激派である中核派が，1986年（昭和61年）の10月に，約6キログラムの爆薬と約60個の鉛

『インスパイア』で紹介された手製爆発物　51

玉を使用したPCB所持事件を起こしている。[*4] さらに，世界的にみても，2004年の米国の国土安全保障省による報告書の中で，既にインド，アルジェリアでPCBが使用されていたこと，また，2010年の同省による報告書では，2010年5月にニューヨークのタイムズ・スクエアで発生したPCBを使用した事件を受けて，国内の治安関係者にPCBへの注意喚起を行っていることから，PCB自体，特段目新しいものでもない。[*5]

次に，なぜ爆発物にPCBが使用されるかについて述べたい。結論からいうと，PCBが，テロで大きな被害を出したいが，TNT（トリニトロトルエン）等のような強力な爆薬を入手できないテロリストにとって，非常に魅力的だからである。

ボストン・マラソンのゴール付近で起きた爆発の瞬間（2013年4月15日，米東部マサチューセッツ州ボストン，Dan Lampariello氏提供，ロイター＝共同）

52　第1章　イスラム過激派の動向と我が国へのテロの脅威

まず第一に，圧力釜は，調理器具であるために不審を抱かれずに入手が容易，日用工具を用いて容器に穴を開ける等の加工も容易，大容量の釜を選択すれば，キロ単位の火薬類を釜の中に入れることも可能である。さらに容器内に火薬類を入れた上で，内部に空間があれば起爆装置も釜の内部に入れることで持ち運びが非常に便利である。そして，容器が金属製であることから，爆発によってこの金属製の容器が破片化し，高速で爆心から飛散することで，爆圧による効果に加えて，金属製容器の破片効果をいかした高い殺傷能力が期待できる上，金属製の釘等を容器に入れれば，より高い殺傷能力を持たせることも可能である点がある。

　第二には，PCBを使用することで，入手容易な黒色火薬（花火の原料）のような低性能の火薬類でも最大限の被害が出せる点がある。もともと圧力釜は，摂氏100度以上の温度で蒸気を封じ込めて内部の圧力を上昇させることで，食べ物を温める原理となっており，この高温（爆発現象では何千度という高温が発生）で内部の圧力が高められる特性[6]（密閉効果）を利用することで，黒色火薬等のような低性能の火薬類の爆発によって生じたガス圧が，圧力釜の中でゆっくり（TNT等の高性能の爆薬と比較して）高まることで，より高い圧力が維持され，限界点で容器が破裂することで，圧力がかけられていない状態での黒色火薬等の反応よりも周囲にはるかに高い爆圧を生じさせることができるのである。

＊1　U.S.Department of Justice. "*Judge Imposes Death Sentence for Boston Marathon Bomber.*" 26 Jun. 2016

＊2　U.S.Department of Justice. "*Ahmad Khan Rahimi Indicted in Manhattan Federal Court for Executing Bombing and Attempted Bombing in New York City.*" 16 Nov. 2016

＊3　Fisher, Max. "*Knowledge of Pressure-cooker Bomb is not Limited to Reader sofal-Qaeda's' Inspire'Magazine.* "The Washington Post. 16 Apr. 2013

＊4　警察庁「第7章第2節凶悪な「テロ」，「ゲリラ」を繰り返した極左暴力集団」『警察白書（昭和62年版）』

＊5　Atherton D. Kelsey. "*How a Pressure Cooker Bomb Works [Infographic].* "Popular Science. 19 Sep. 2016

『インスパイア』で紹介された手製爆発物　53

* 6　同前

3　プロパンガスを使用した爆発物

　爆発物に可燃性ガスを使用した記事については，同誌第 4 号（2011年 1 月）と第12号（2014年 3 月）で掲載されているが，第12号では，具体的にガスボンベを使用し，そのガスボンベを車両で攻撃目標まで輸送できるような爆発物の製造方法を掲載している。

　爆発物に可燃性ガスを使用する者にとって，最も大きな魅力は，その膨大な爆発によって生じるエネルギー量であろう。具体的な例として，TNT 1 キログラム当たりの総爆発熱量は1,020キロカロリー[7]であるが，プロパンガスでは 1 万2,042キロカロリー，メタンガスでは 1 万3,214キロカロリー[8]との数字が示すように，単に単位あたりのエネルギー量を見ただけでは可燃性ガスは爆発物の原料として魅力的に見える。しかし，これはもともと火薬類には，爆発に必要な酸素成分（酸化剤：酸素供給剤）が含有しており，酸素を外部から利用する可燃性ガスと比較すると，重量あたりや体積あたりでの発熱量が小さくなるためであって，改めて可燃性ガスが爆発に必要な酸素重量を含めて計算すると，前述の十倍に近いまでの発熱量の差は生じない。

　また，プロパンガスを始めとした可燃性ガスを起爆させる条件として，黒色火薬のように酸化剤（硝酸カリウム）と可燃剤（木炭）が共存しさえすれば爆発現象が起こる可能性が高いのとは異なり，酸素と共存すれば必ずガス爆発が起こるわけではなく，酸素と適量比に混合したときに爆発（爆轟）現象が生じるため，酸素との容積比率内に可燃性ガスが存在しなければならないとの制約がある。例えば，プロパンガスの場合，酸素との容積パーセントが2.3パーセントから55パーセントの範囲で爆発が起こり，更に3.2パーセントから37パーセントの範囲で特に激しい爆発（爆轟）が起こる[9]。さらに酸素と可燃性ガスが均一に混合していなければ起爆しにくいなど，何より爆発物を製造した者の意図したとおり可燃性ガスを起爆させることが技術的に難しい面がある。よって，たとえ同誌第12号で紹介された指示どおりに製造したとしても，可燃性ガスのエネルギー量を最大限にいかす爆発（爆轟）現象を

起こさせるような起爆には技術的な困難性が伴うことから，今後，AQAPが，オープン・ソース・ジハードのコーナーの趣旨に沿って，日用品を使用して簡単に製造できる画期的な方法を開発しない限り，2010年5月に発生した，ニューヨーク・タイムズスクエアでの爆破未遂事件の例のように不爆で終わる可能性が高い。

　ちなみに，2014年1月から4月にかけて，北海道札幌市内の警察施設や量販店で相次いで発生した爆発事件では，カセットコンロ用ガスボンベが使用された[10]。しかしこれは，可燃性ガスであるブタンを内包したガスボンベに着火剤で熱を加えることで，内部のガスが膨張してボンベ内の内圧が高まることでボンベを破裂させるもので，同誌第12号で紹介された酸素と混合させた上で可燃性ガスを起爆する方法とは原理が異なる。このように物理的にガスを膨張させてカセットコンロ用ガスボンベを破裂させるには，ガスの膨張によって破裂するだけのブタンガスを内包したボンベを加熱するだけでほぼ間違いなく破裂するが，可燃性ガスと酸素を混合して起爆させて爆発（爆轟）させる方法と比較するとその威力は極端に小さい。

　　＊7　火薬学会編『火薬分析ハンドブック』丸善株式会社　2002年9月20日
　　＊8　火災調査研究会編『火災調査ポケット必携』東京法令出版株式会社　2007年
　　　　3月20日
　　＊9　細谷政夫，細谷文夫　『花火の科学』　東海大学出版会　1999年8月
　　＊10　『ガスボンベ連続爆発，被告の女に懲役18年　札幌地裁』朝日新聞デジタル
　　　　2016年3月11日

4　探知されない爆発物（Hidden Bomb：HB）

　同誌第13号（2014年12月）で紹介されているHBは，金属探知機で探知されないように非金属性の部品を使用し，爆薬犬からも探知されないように容器全体をシリコンで覆った上で，薬品を使用して爆薬の臭気を取り除いた爆発物を指し，炸薬には，酸化剤としてマッチの頭薬部から抽出した塩素酸カリウム，可燃剤（燃料）として炭化させたBlack Seeds（クミン）を使用した混合火薬が使用されている。このHBの炸薬に類似した混合火薬の例とし

ては，広く知られている黒色火薬があり，酸化剤として硝酸カリウム，可燃剤として木炭が使用されている。

　同号のHBは，空港検査機器と飛行機のどこに爆発物を設置すれば有効かについての紹介も絡めていることから，飛行機に対する自爆攻撃用に開発していると考えられ，客室キャビン内に何らかの方法で持ち込むことを想定しているとみられる。また，HBの製造に要する原料は，日用品として誰でも購入することが可能な物品であり，しかも金属製品を利用しないことから，もし，搭乗者がこのHBを身体に装着していた場合，検査員が全ての搭乗客に対し，手で触って身体検査を行わない限り，身体検査用のX線透過装置においても爆発物と見破られる確率は低いことから，ボディー・スキャナーを設置していない検査場をすり抜ける可能性は否定できない。さらに，シリコンでHB全体を覆い，しかも薬品を使用して臭気を拭き取っているので，爆発物探知犬による臭気検査で発見されないおそれもある。

　このHBのような非金属性の爆発物を正しく起爆できるかどうかは，起爆装置部分の製造の際の丁寧さと炸薬に何を選ぶかにかかっている。同号で紹介されたような非金属性部品で製造された爆発物が使用された例として，2009年12月25日のクリスマスに発生したアメリカン航空機爆破テロ未遂事件[11]がある。この事件では，過マンガン酸カリウムとエチレングルコールを混合することで発火させ，TATP（トリアセトントリパーオキサイド）をブースター（伝爆薬）として，最終的に炸薬であるペンスリットを起爆させる構造であったが，結果的に炎が上がるも，炸薬のペンスリットを起爆できずに未遂に終わった（理論上は起爆可能である。）。同号では，この未遂事件を教訓に炸薬には，ペンスリットと比較すれば威力はかなり弱いが，火炎が数秒存在すれば起爆できる可能性の高い炸薬（塩素酸カリウムとクミン）を使用することで，起爆の確実性を選んだともいえる。

　なお，塩素酸を抽出するのに使用されるマッチの頭薬部には，重量比で，酸化剤として塩素酸カリウム50パーセント，二酸化マンガン10パーセント，重クロム酸カリウム２パーセント，可燃剤として硫黄８パーセント，松やに３パーセント，調整剤（発火を容易にする）としてガラス粉11パーセント，ケイ素土３パーセント[12]が含まれている。仮に，１本のマッチの頭薬部位に

56　第1章　イスラム過激派の動向と我が国へのテロの脅威

0.02グラムの薬量があるとすると，同部位には，0.01グラムの塩素酸カリウムが含有していることから，450グラムの塩素酸カリウムをマッチの頭薬部から得るには，単純計算で4万5000本のマッチが必要になってくる。同号の中では，この頭薬を軸木から熱水で溶かすように記載されているが，軸木に付着している全ての頭薬の塩素酸カリウムを取り除けるわけでもなく，当然取り残しもあるであろう。また，溶解した塩素酸カリウムの水分を蒸発させる再結晶化作業にしても，全ての塩素酸カリウムを析出できるわけでもないことを考慮すれば，あくまで筆者の個人的な意見として，少なくとも倍の数の10万本近い又はそれ以上のマッチが必要になってくるのではと推測される。実際のところ，この気が遠くなるような労力を要する作業をするくらいなら，他の方法で塩素酸カリウム又はその代用品を入手することも可能であろう。

　しかし，「はじめに」で述べた「意を決したムスリムなら誰でも準備できるよう」の文言に注目すれば，このHBの可燃剤にクミンを使用するよう記載されているところがポイントであろう（同誌創刊号（2010年6月）では，可燃剤としてクミンよりも入手容易な砂糖が記載）。このクミンは，イスラム教の教えの中では，預言者ムハンマドの言行録に「死以外のあらゆる病を癒やす薬[13]」と紹介されており，この宗教的観念を連想させるクミンを使用することで，マッチの頭薬部から塩素酸カリウムを抽出するという，わざと手間暇をかけさせるような再結晶化の作業をさせることで，爆弾テロの実行犯に殉教への意識を否応なく高めさせようとする掲載者の意図が感じられてならない。

　また，この頭薬部には，塩素酸カリウム以外の添加物も含まれており，この添加物の種類を見てみると，1本のマッチの頭薬を熱水に溶解した際には，たいした臭気ではないにしても，大量に集まれば硫黄をはじめとした含有成分によるかなりの異臭が発生すると思われ，製造者は，この異臭とも格闘しなければならないであろう。当然，この異臭は，近隣からの苦情の原因になると思われ，都会の真ん中での作業には不向きであろう。

　*11　Cruickshank, Paul. *"Revelations from the underwear bomber trial."* CNN 14 Oct. 2011

*12 火災調査研究会編『火災調査ポケット必携』東京法令出版株式会社　2007年
3月20日

*13 *"Black Seed（Nigella Sativa）:A Cure for Every Disease."* Islamweb.
net. 7 Nov. 2016

5　おわりに

同誌第16号（2016年11月）では，2016年9月17日に発生したイスラム国（い
わゆるISIL）による犯行とされている米国・ミネソタ州でのナイフを使用し
た刺傷行為に対し，ナイフを使用することにやや否定的な見解を示し，爆発
物の方がより効果的と記載していることから，AQAPは，より大きな被害を
出すことができる爆発物を使用したテロを志向していることが読み取れる。

また，AQAPは，航空機を爆発物で攻撃することに執着しているとの一部
意見もあるところ，同誌第3号（2010年11月）において，北米と欧州間の航
空機を爆発物で攻撃する目的について明確に記載されている。同誌を通じて
筆者が感じられるのは，決して称賛すべきことではないが，爆発物関連の記
事を執筆する者が，日用品を使用した爆発物を用いて，最も警戒が厳重で最
新の機器を備えた空港における検査を通過し，航空機を爆破するという爆発
物専門家としての矜持を追求し続けている点である。よって，AQAPは，こ
れからも，空港での検査をすり抜けることを技術的な指標として爆発物を紹
介し続けるであろう。

さらに，同誌に掲載されている爆発物は，日用品を使用するという発行の
趣旨に沿って，特段高度な技術を紹介していないことから，今後，既にイラ
クやシリアでは実戦に導入されているドローンを使用した爆発物が同誌にて
紹介されるのは想像に難くない。しかし，このドローンを使用するという案
については，当然ながら，爆発物を空中から運ぶ手法自体何も新しいもので
もなく，昭和の時代からラジコン飛行機を使用した爆発物の危険性を治安当
局も認識している。一方，昨今の技術開発により，ドローンに小型カメラを
搭載したり，操縦者の目視によらずにGPS機能を搭載したドローンを使用し
たりすれば，ドローンの飛行の安定性から，ラジコン飛行機と比較にならな

いくらい確実に攻撃目標を捉えられるので，遠隔からの爆発物による攻撃に使用しない理由はない。

爆弾闘争に重点を置くテロ組織では，例えば，AQAPにはイブラヒム・アル・アシリ（Ibrahim al-Asiri）[14]，東南アジアを拠点とするジャマー・イスラミヤ（Jemaah Islamiyah）にはアザハリ・フシン（Azahari Husin）[15] 等の専門家と称される者が，個々の組織の中で爆発物の技術的な責任者として存在していた。爆発物製造に関しては，「インターネットで指導ビデオを見れば十分といわれることもあるが，少なくとも1回は誰かが指導する必要がある。」との意見もあり[16]，組織の人間全てが科学的な素養を有しているわけではないので，このような専門家の存在が必要不可欠なのであろう。

しかし，日本の場合，少なくとも高校で化学の授業内容を完全に理解していれば，安全性を度外視し，複雑な起爆装置を使用しない限りは，製造ビデオを見ただけで爆発物の製造が可能であるくらいの教育水準があることから，我が国においても手製爆発物の製造及び使用にかかる危険性が常に潜んでいることを肝に銘じておくべきであろう。

*14　Cruickshank, Paul. *"Revelations from the underwear bomber trial."* CNN14 Oct. 2011
*15　*"'Bali Bomb Maker' Believed Dead."* BBC 10 Dec. 2005
*16　*"TATP : Islamic State's DIY Explosive of Choice."* The Straits Times 24 Mar. 2016

（本稿は，『治安フォーラム』2017年4月号掲載の論文を2018年12月12日現在で更新し，再掲したものである。）

自 爆 攻 撃

桜　隼　人

1　はじめに

　シカゴ大学の「Chicago Project on Security and Terrorism（CPOST）」
による自爆攻撃に関する調査によれば，1982年から2016年6月までに40か国
以上で計5,430件の自爆攻撃が発生し，5万5,022人が死亡，13万5,357人が負
傷し，1件当たりで死者数は10.1人，負傷者数は25人となる。攻撃対象は，
治安機関が全体の64.5％を占め，次に民間施設が22.1％と続く。攻撃手法は，
車両利用型が全体の55.8％を占め，次に自爆ベルト（ベスト）型の36.5％が
続く。自爆攻撃を敢行した者の性別は，統計上，約半数の性別が不明である
が，男性と女性の比率は約9対1とのデータがある。また，1980年から2003
年までに世界で発生したテロ攻撃の全体のうち，僅か3％に過ぎない自爆攻
撃の件数が，死傷者全体の48％（2001年9月11日発生の米国同時多発テロ事
件を除く。）との数字もある。自爆攻撃以外の通常の攻撃では，1回の攻撃
当たりの平均殺傷人数が1人との数字を考慮すれば，人を殺傷する戦術とし
て数字を見ただけでも自爆攻撃が効果的であるからこそ多用されることが理
解できる。さらに自爆攻撃には政治的な効果もある。1人の自爆攻撃者の出
現は，更なる自爆攻撃者の出現を予感させ，社会を恐怖に陥れる。1980年代
に，ヒズボラは自爆攻撃を敢行することで，当時のロナルド・レーガン米国

大統領にレバノンからの米軍の撤退を決意させるという成果も上げた[*4]。よって，金銭的に余裕がなく，他の手段では有効な政治的利益を獲得することができないテロ組織にとって，あり合わせの部品で，かつ低予算で製造できるIED（手製爆発物）を使用した自爆攻撃をあえて攻撃方法の選択肢から排除する理由はないといえる。

- *1　University of Chicago. *The Chicago Project on Security and Terrorism*（2017年11月26日現在）.
- *2　Pape, Robert. *Dying to Win: The Strategic Logic of Suicide Terrorism*, Random House, 2005.
- *3　Balch, Elliot. *Myth Busting: Robert Pape on ISIS, Suicide Terrorism, and U.S. Foreign Policy*. Chicago Policy Review, 5 May 2015
- *4　同前

2　自爆テロ攻撃の歴史

　世界で最初の自爆テロ攻撃は，左翼主義者のテロ組織に属していた者が，1881年3月13日にロシアのロマノフ朝第12代皇帝・アレクサンドル2世を爆弾により暗殺し，自らも爆死した事件とする説がある[*5]。しかし，そもそも自爆攻撃で使用される火薬類は，中国の漢の時代（紀元前202年～紀元225年）に既に硝石を用いた爆竹が生まれ，さらに唐の時代（西暦618年～907年）には黒色火薬が発明されたといわれる。宋の時代の太宗（在位：976年～997年）は黒色火薬を使用した最初の武器を作ったとされており[*6]，その後，ニトログリセリン（1847年に初合成）等の爆薬が開発されてきた長い歴史を有していることを考えれば，アレクサンドル2世暗殺事件よりも前の時代に，記録されていない自爆テロ攻撃が発生していたことは大いにあり得るのではないだろうか。

　その後1980年代の初期まで，自爆攻撃が世界で大きく話題にのぼることはなかったが，1982年11月にレバノンに本拠地を置くイスラム教シーア派組織であるヒズボラが，レバノン南部のイスラエル軍施設に対する自爆テロ攻撃を敢行して115人を死亡させた事件が現在世界中で発生している自爆テロ攻

自爆攻撃　61

撃の契機となった。その後も1983年のレバノンのベイルートにあった米国大使館への攻撃を行うなど，自爆テロ攻撃を世界に拡散させたテロ組織としてヒズボラの名が歴史に刻まれている。

　ヒズボラが，組織としてこの自爆テロ攻撃を推し進めた理由には，殉教することで真の献身を示すことと，自爆テロ攻撃により多大な戦果を上げることができたという2つの点があったとされている。つまり，爆弾を抱いて相手方を殺傷するために行う自爆行為と，銃を所持して相手方へ突撃して死亡する攻撃手法とは，攻撃者の死亡という結果において何ら違いがない点と，自爆テロ攻撃の方が多大な戦果を上げられるという点から，自爆テロ攻撃を継続したとされる。しかし，当初イスラエルや米国といった標的の相手への死者数が3桁に及ぶこともあった自爆テロ攻撃による戦果が徐々に低下すると，ヒズボラ指導者は自爆テロ攻撃を最終的に停止させた。このことは，当時のヒズボラの自爆テロ攻撃に対する考え方が，殉教という宗教的なものだけではなく，戦略的・戦術的な成功という現実的な見地を含んでいたことを示している。

　現在，イスラム過激派による自爆テロ攻撃が，イラク，シリア，アフガニスタン，パキスタン等で発生していることもあり，我々は，自爆テロ攻撃をイスラム教の殉教思想と安易に関連させる傾向がある。しかし，自爆テロ攻撃の主体は，イスラム過激派に限られるものではないことを示す例として，スリランカの非イスラム教武装組織のタミル・イーラム解放の虎（LTTE）が挙げられる。同組織は，1987年に最初の自爆テロ攻撃を敢行した後，最終的に武装闘争が終結するまでの間に150件以上の多数の自爆テロ攻撃を敢行している。LTTEが自爆攻撃を開始した当時，ヒズボラによる華々しい自爆テロ攻撃による戦果が世界の武装組織に伝わっていたことは十分に考えられることから，LTTEが，このヒズボラによる戦果に何らかの影響を受けて自爆テロ攻撃を開始したとみるのが妥当であろう。なお，このLTTEは，世界で最初に自爆テロ攻撃用のベストを開発したとされている。

　また，イスラム教の宗派間で自爆テロ攻撃に対する考え方に差異がないことを示す例として，イスラム教スンニ派であるオサマ・ビンラディン（UBL）が，イスラム教シーア派であるヒズボラのもとに彼の工作員を送り込んで自

爆テロ攻撃に関する助言を得たことで，特に大使館のようないわゆるハードターゲットに対する効果的な自爆テロ攻撃の手法を確立し，ケニア及びタンザニアに所在する米国大使館に対するテロ事件で戦果を上げた事例が挙げられる。[*11] その後2000年代に入ると，グローバリズムの波に乗って，ジハーディストらはあくまで戦術の一つであった自爆テロ攻撃を殉教思想とも絡めて急激に増加させたが，いずれにせよ，1980年代のヒズボラが，1990年代のアル・カーイダを始め，以後世界中のイスラム過激派組織に戦術として自爆テロ攻撃を拡散させた先駆組織[*12]と位置付けることは妥当であろう。

　前述のシカゴ大学の統計によると，国別の自爆攻撃発生件数では，イラクが世界の約44％を占め世界1位である。また，歴史的に自爆テロ敢行者の大部分が外国人戦闘員との報告がある。[*13] これは，イラクで政情不安が長期に続いていることと，グローバル化を唱えるアル・カーイダがその名のもとにイラクに外国人戦闘員を受け入れるとともに，戦術の一つであった自爆テロ攻撃を，戦略の一つに組み込んでいったことが大きいのではないか。ISILには，100か国以上の国から2万5,000人以上の外国人戦闘員がイラクやシリア

1981年から2010年における自爆攻撃件数

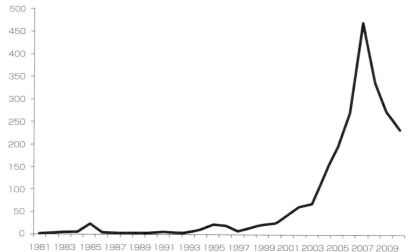

(University of Chicago. The Chicago Project on Security and Terrorism. Suicide Attack Database)

へ参加したとされていた。[*14] また，ISIL（いわゆる「イスラム国」）へ参加して自爆攻撃を志願する外国人戦闘員の動機を見ると，かつてのように自爆攻撃によって殉教者になりたいと希望する者は稀であって，今では，英雄として死にたいがためにISILへ参加するとの動機が多くを占めているという報告もあるように，[*15] 自爆攻撃を敢行することへの敷居が低くなったことで，外国人戦闘員が流入する数に比例して自爆攻撃件数が増加していったと思われる。よって，同国での紛争を終結させ，同国へ渡航する外国人戦闘員の流入を減少させない限り，第2位のアフガニスタンの約2倍近い自爆攻撃発生件数を有するイラクの第1位の座は揺るぎないといえるだろう。ちなみに第3位パキスタン，第4位シリア，以後ナイジェリア，イエメン，ソマリアと続く。

＊5　Dodd, Henry. *A Short History of Suicide Bombing.* Action on Armed Violence, Website, 23 Aug. 2013.

＊6　細谷政夫，細谷文夫「花火の科学」東海大学出版会　1999年7月

＊7　Sunil K.Sahu. Cutting the Fuse: *Review The Explosion of Global Suicide Terrorism and How to Stop it.* International Dialogue, A Multidisciplinary Journal of World Affairs, 2013.

＊8　Horowitz,Michael. *The History and Future of Suicide Terrorism.* Foreign Policy Research Institute, Website, Aug. 2008.

＊9　同前

＊10　同前

＊11　同前

＊12　同前

＊13　Bilger, Alex. *ISIS Annual Reports Reveala MetricsDriven Military Command.* Institute for the Study of War. Backgrounder, 22 May 2014.

＊14　United Nations Security Council. *Letter Dated* 15 *December* 2015 *from the Chair of the Security Council Committee Pursuant to Resolution 1373 (2001) concerning Counter-Terrorism Addressed to the President of the Security Council, and Its Enclosures*

＊15　Europol. *Change in Modus Operandi of Islamic State Terrorist Attack.* Europol Website, 18th Jan. 2016

3 女性による自爆テロ攻撃

　1985年レバノンにおいて，最初の女性による自爆テロ攻撃が，イスラエル部隊付近で発生して以後，世界では，女性による自爆テロ攻撃も珍しくない。東ヨーロッパ，アジア，中東，アフリカでは，反政府組織等に属する女性が，爆弾を抱いて自爆する事例がある。具体的な事例としては，ロシア連邦のチェチェン共和国内での分離独立派が2000年以降，紛争で夫や兄弟を失った女性たち，いわゆる「黒い未亡人」による自爆攻撃を用いた例や，パレスチナ過激派が2000～2005年の第2次インティファーダ（抵抗運動）で，イスラエル人を標的にした自爆テロ攻撃に女性を駆り出していたものがある。

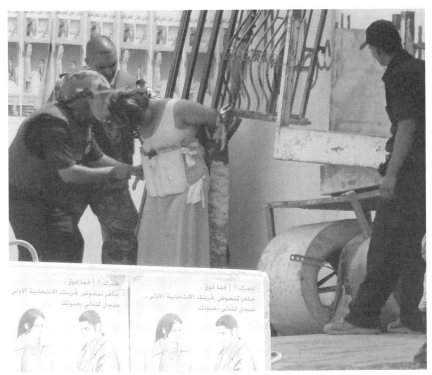

イラクの首都バグダッド北東65キロのバクバで，15歳の少女から爆弾ベストを脱がせる警察官（2008年2月24日，イラク，AFP＝時事）

自爆攻撃　65

2015年1月にシリアで発生した邦人殺害事件に関し，邦人の身柄交換要員として名前が挙がったイラク出身のサジダ・リシャウィ（2005年，ヨルダンの首都アンマンのホテルで行われた結婚披露宴に対する自爆テロ未遂犯）も女性自爆犯である。このほか，イラクのアル・カーイダも，2005年9月に初めて女性による自爆テロ攻撃を実行したと，当時のザルカウィ指導者は述べている[*16]。

　テロ組織が，女性に自爆テロを行わせる理由には，警備の弱点を悪用することと，社会的反響を狙うことの2つがあると考えられる。1つ目の点に関しては，女性は爆弾を隠匿しやすい服装でも警戒されずに標的に接近できるメリットがある上，女性の身体検査を実施することに抵抗がある警備側の文化的な背景を悪用して警備の弱点を突く戦術的な人的資源として重要である。2つ目の理由には，女性による凶行は衝撃が大きく，メディアが派手に取り上げることから，自爆攻撃を実行した組織の名前を周知できるとともに，センセーショナルな広報戦術として，社会を震撼させ，人々に恐怖心を植え付ける効果が大きい点がある。

　最近，女性による自爆テロ攻撃を積極的に活用しているイスラム過激派テロ組織として，ナイジェリアの北東部を拠点とするボコ・ハラム（BH）がある。

　BHは，2011年4月に最初の自爆テロ攻撃を敢行してからの3年の間，女性を自爆テロに使用することはなかったが，2014年に最初の女性による自爆テロ攻撃を敢行後，2017年6月までの間に244人の女性に自爆テロ攻撃を行わせている。これは，同期間までにBHが行った自爆攻撃434件のうち，実行犯が女性であると判明しているものだけで56.2％あるということになる。特に，2017年1月1日から6月30日までの期間では，64.5％が女性による自爆テロ攻撃であったとされ，これは1985年から2006年までの世界のテログループが実行したテロ攻撃のうち，女性によるものが約15％であった（前述のシカゴ大学の統計では，ほぼ10対1）と推計する指摘を考慮するとBHの女性による自爆テロ攻撃は突出しているといえる。

　また，BHの女性が自爆テロ攻撃を行う場合，民間人をターゲットにする傾向が強く，25％以上が市場，27.8％がバス乗り場や教育機関等の非政府施

66　第1章　イスラム過激派の動向と我が国へのテロの脅威

設をターゲットとしており，男性による自爆テロ攻撃対象と大きな違いがある。

　そのほか，BHの大きな特徴には，未成年者の自爆テロ攻撃要員の割合が高い点がある。先に述べた434件のうち，134件について年齢が判明しており，そのうち53件が成人，53件が10代，28件が児童（その児童のうち，4分の3が女性とのデータがある。）とされ，つまり，60.4％が未成年者であった。さらに，自爆テロ攻撃を行ったもののうち，最年少は7歳の3人であったとのデータがある。これらの未成年者の自爆テロ要員には，BHが本人に自爆テロを強要したものの他に，親がBHへの忠誠を示すために自分の子供を自爆テロ要員として差し出した事例や，本人自身が自爆攻撃を行うことを知らぬままリモートコントロールにより形の上で自爆させられた可能性のある事例も存在している。[17]

＊16　Ahmed, Houriya. *The Growing Threat of Female Suicide Attacks in Western Countries.* CTC Sentinel, Vol 3, Issue 7, July 2010.

＊17　Werner, Matfess,Exploding Stereotypes:The unexpected Operational and Demographic Characteristics of Boko Haram's Suicide Bombers, Combating Terrorism Center at West Point, August 2017

4　自爆テロ攻撃の手法

(1)　爆発装置に関する技術の向上と使用される爆薬の変遷について

　爆発装置の基本構成には，起爆装置と爆発性物質（火薬類）が最低限必要である。過去の例では，起爆装置の多くには金属類が使用されていたことから，X線や金属探知機での発見が可能であった。しかし，2009年12月25日に発生したデルタ航空機爆破未遂事件のように，航空保安検査時に金属探知機等の検査で発見されないよう，金属類を使用しないIEDを下着に隠匿していた事例もあり，自爆テロ攻撃の手法は日々進化している。アラビア半島のアル・カーイダ（AQAP）は，オンライン上機関誌『インスパイア』に度々IEDの製造方法を掲載し，特に第13号では，自爆することを前提とした手動で起爆するタイプのIEDの製造方法や，航空保安検査の説明と合わせて，航

空機をIEDで墜落させる可能性を高めるために機内のどこに設置すべきかについても述べられている。AQAPは航空機爆破攻撃に関して世界で最も熱心なテロ組織の一つといってもよいであろう。もっともオンライン上にこれらの内容が掲載されれば，当然ながら各国治安当局が対策を取ることはAQAPにとって織り込み済みであろうから，機関誌発行の時点で，AQAPは掲載内容以上の高い爆発物の技術を既に開発しているとみるのが妥当であろう。しかしながら，警備対策上，模倣犯の犯行を阻止する観点でこの機関誌は一読に値する。

　紛争地帯で使用されるIEDの爆薬には，当初，こうした場所で入手が容易な砲弾や地雷に使用されているTNT（トリニトロトルエン）等の軍用爆薬が再利用されていた。その後，爆発性物質の知識が広く流布されたことで，車両を利用した大規模なテロ攻撃のため，大量に入手可能な爆薬として，肥料として汎用されている硝酸アンモニウムを用いたANFO（Ammonium Nitrate Fuel Oil Explosive）が多用されるようになった。これに脅威を感じた当時のアフガニスタンのカルザイ大統領は，2010年にアフガニスタン国内で肥料として硝酸アンモニウムの使用を禁止する大統領令を発出した。[18]もともとこの硝酸アンモニウムについては，1947年に，米国のテキサス州の港に停泊中のフランスの貨物船に積載されていた肥料用硝酸アンモニウム3,200トンが爆発し，576名の死者を出した事件が契機となって，その爆発性に対する関心が高まり，幾度かの技術開発を経て，1957年に現在の産業用爆薬として使用方法が確立されたという背景がある。[19]現在，この硝酸アンモニウムの起爆性を高める方法がテロ組織等の間で普及し，使用の幅が広がったことで，入手が容易であることも相重なって，今後も硝酸アンモニウムは大規模な爆弾テロ現場で使用され続けるおそれがある。

　　＊18　Cullison, Alan and Trofimov, Yaroslav. *Karzai Bans Ingredient of Taliban's Roadside Bombs.* The Wall Street Journal, 3 Feb. 2010.
　　＊19　佐々宏一「火薬工学」森北出版　2001年7月20日

⑵　自爆テロ攻撃手法の変遷

　爆発物を装着して攻撃対象に近付くいわば単独攻撃による自爆テロ攻撃の

他に，2015年11月にISILがパリで実行した同時多発テロ事件のように，襲撃者が銃による襲撃の後に自爆するというコンプレックスアタック（複合攻撃）の例もみられる。しかし，この複合攻撃は，特に目新しいものでもなく，2010年頃からアフガニスタンでも使用されていた手法である。アフガニスタンではもう少し大規模かつ複雑な形態として，車両で攻撃対象の敷地の出入口に突っ込んで自爆し，敷地内への進入路を確保した上で，仲間が敷地内に入り，銃を乱射し，弾が尽きたところで交戦中の警備要員を巻き込む形で自爆するという事例が既に発生していた。2015年11月のパリにおける同時多発テロ事件では，自爆用の爆発性物質にTATP（トリアセトントリパーオキサイド）が使用されていた。もし治安部隊員との銃撃戦の際にTATPに被弾すれば，犯人による起爆行為なしで爆発する可能性が極めて高い。もしそうなれば，同事件の襲撃場所の一つであるコンサート会場のような人が密集する場所では，制圧する側の治安部隊員だけではなく，周囲にいた一般人をも爆発に巻き込む可能性が十分あり得た。ISILは，イラクでの戦闘でTATPを既に使用しているとみられるが，支配領域外でTATPを使用した複合攻撃[20]を敢行した事実は，その制圧方法をめぐって治安当局側を悩ませる要因が新しくできたといえよう。

[20]　Conflict Armament Research. *Tracing The Supply of Components Used in Islamic State IEDs*. Conflict Armament Research Website, Feb. 2016.

5　最　後　に

　なぜ自爆攻撃はなくならないのか。

　かつては，自爆テロ犯の意図は一部の者の目にしか触れない遺書という形でのみ残されていたが，現在ではネット上に堂々と自爆の状況と自爆テロ犯自身の映像が公開されることで，自爆テロ犯は自身を英雄化することができ，このことが，殉教思想や英雄思想を持つ一部の者にとっては，自爆テロ行為に向かう動機付けの一つとなっている。

世界中で発生している自爆攻撃が急激に増加したのは2000年以降であり，比較的新しい現象にも関わらず，過激派テロ組織の戦術として既に定着した感があるのは，治安当局としてこれを防ごうと思えば，自爆テロの事前情報を入手し，敢行前に対処するほかないという，対策の難しさゆえであろう。先に述べたAQAPの機関誌である『インスパイア』第13号では，航空機を狙った爆弾攻撃をする際，保安検査を逃れるために，ボディースキャナーが設置されていない地方の空港を狙うことを勧める一文がある。これは警備の手薄な場所をテロの攻撃対象として選定しようとするテロリスト側の考え方をよく表している。日本の主要空港においても，保安検査場にボディースキャナーの設置が進められており，日本は自爆テロ攻撃への対策が強化されているといえる一方で，自爆テロ攻撃は敢行する段階に至ってしまえば，これを防止する有効な手立てがない以上，引き続き事前情報の入手と装備資機材の充実等地道な警備諸対策が必要であることはいうまでもない。

「ISIL」の脅威との闘い

～我が国でイスラム過激派による国際テロを未然に防ぐために講じなければならないこととは何か～

高岡　慶人

1　はじめに

　私は声を大にして国民に伝えたい。

　「国際テロは我が国にとって，もはや"対岸の火事"ではなく，既に我が国でも燃え盛っている状況である」と。

　これまでも，我が国における国際テロ対策については，治安機関が「アル・カーイダ」（以下「AQ」という。）幹部による声明等で「我々は米国を始め，その同盟国（日本を含む。）の国民を殺害した者に報酬を与える」などと日本国民をテロの標的として名指ししていることや，これまで日本国民が海外のテロ事件で実際に被害を受けたことなどを捉えて，その必要性を反復・継続して国民に訴えてきた。しかし，私は正直なところ「国民の多くはテロの脅威を我が身のことと感じることはないだろう。」と思っていた（本誌「治安フォーラム」の読者は別だろうが……）。人間には，「自分だけは大丈夫だろう」という楽観的な意識があり，特に海外で発生するテロに関してはそのように考えがちになっても仕方はないと思うが，我々，日本国民はその楽観的な意識を変えなければならない時が来たのである。

2 国際社会を取り巻く国際テロの重大な脅威

　2014年6月，イスラム過激派組織「イラクとレバントのイスラム国」（以下「ISIL」という。）は「イスラム国」の樹立を宣言し，特に2015年1月及び2月，日本人2人の拘束・殺害事件を契機に，その一挙手一投足が大きく報道機関に取り挙げられてきている。このISILの台頭が，国際社会に与えたテロの脅威は計り知れず，中でも次に示す2つが顕著であろう。

(1) 外国人戦闘員拡散の脅威

　報道で明らかとなった国連安全保障理事会のレポート（2015年4月）では，世界各地から，ISILやAQに加わる外国人戦闘員の規模が「100か国以上からの2万5000人以上になっている」としている。中でも，2万人以上がシリア・イラクに流入しており，その多くがISILの戦闘員と見られている。現地で武器の使用法を習得した者，殺人，強姦等の凶悪犯罪を繰り返す異常な社会経験により常識やモラルが欠如した者，戦闘員としての経験を積んだ者などが帰還後にテロを起こす脅威が挙げられる。

(2) 「ローン・ウルフ」型テロの脅威

　AQを始めとするイスラム過激派組織やその支援者などは，ホームページやSNS等インターネットを通して情報発信をしている。中でも，ISILの宣伝は他の組織より凝った構成で，下手な映画顔負けの映像や技術を駆使し，人の興味を引くよう巧妙に視覚に訴える人質殺害映像や読者の目を引き寄せるクオリティの高いオンライン雑誌を配信している。その結果，既存のテロ組織と何の関わりも持たない個人がこれらの内容に感化され自己過激化することにより，テロを発生させる脅威が高まってきている。しかしながら，人の内心のことであるため，いかにしてその「兆し」を捉えるのかは非常に難しく，これからの課題の一つである。

　本稿では，こうした脅威について，現状及び背景等を述べた後，我が国におけるテロ対策について考察する。

72　第1章　イスラム過激派の動向と我が国へのテロの脅威

3　外国人戦闘員流入の現状

　欧米諸国は多くの自国民がISILに参加していることについて，これらの者がいずれ帰国して国内でテロを起こすかもしれないと危惧している。ただこれまでにも，AQ本体やアラビア半島のアル・カーイダ（AQAP），イスラム・マグレブ諸国のアル・カーイダ（AQIM），アル・シャバーブ（AS）などAQ本体へ忠誠を誓ったイスラム過激派組織へ欧米諸国からの外国人戦闘員が参加していることから，外国人戦闘員のイスラム過激派組織への参加自体は決して目新しい現象ではない。

　しかし，これまでと大きく異なる点はその人数である。英ロンドンキングス・カレッジ戦争研究部の過激化・政治暴力研究国際センター（ICSR）のレポート（2015年1月26日発表）によれば，ISILなどシリアとイラクのイスラム教スンニ派武装勢力に合流した外国人戦闘員は2万730人に達したとされている。出身国別で見ると，最も多い国はチュニジアの約3,000人であり，続いてサウジアラビアの約2,500人，モロッコとヨルダンの各約1,500人，レバノンが約900人と中東全体で約1万1,000人に上り，外国人戦闘員全体の半数を超えている。中東以外で見ると，ロシアからは約1,500人，中央アジアのウズベキスタンが約500人，トルクメニスタンが約360人であり，他の旧ソ連の共和国も含めると総数約3,000人となるほか，中国からは約300人と推定されている。またEU諸国ではフランスが最も多く約1,200人，英国とドイツが各約600人，ベルギーが約440人，オランダが約250人と続き，米国とカナダはそれぞれ約100人とされており，欧米諸国を合わせると約4,000人で全体の5分の1を占めている。

　他方，米国の「世界的規模の脅威評価」（2015年2月26日，米国上院軍事委員会発表）によると，現在も過激主義者と関係を有する者（外国人戦闘員）は少なくとも1万3,600人と評価しており，前出のレポートに示された人数との差は，現地で死亡あるいは既に帰国した者などを計上していないことによるものと考えられる。ここで余談であるが，過日マスコミで報道された，ISILに幻滅し帰国したインドネシア人戦闘員の事例を紹介したい。記事

によれば，同人は「ISILは退屈で期待外れであった」と述べており，その理由について，ISILに参加すれば，借金が返済でき，多額の報酬が得られることをにおわされ，仲間とともにシリアに渡航したものの，小さな村で1日2時間の警備を行う以外はイスラム教の聖典コーランを読んで過ごすだけだった。生活環境も劣悪で，報酬もほとんど貰えず，滞在開始から5か月で帰国した同人の手元に残ったのは僅かな現金だけだったと報じている。ISILの豊富な資金がよく話題となるが，外国人戦闘員の全てがその恩恵にあずかることはできないというのが本当のところのようだ。

4　外国人戦闘員を引き付ける要因

　ISILへ人々，特に若年層がこれほどまでに引き寄せられる要因はどこにあるのだろうか。カリフ国に移住することはムスリムの義務であるとの考えや，得られる報酬等もその要因であろうが，「現実からの逃避」について着目したい。ISILは現実に失望し，逃避したい者を巧みにリクルートしているのだが，その要素は次の2つに集約できよう。

(1)　人々のメンタリティーの変化

　まず一つの要素としては，人間の内に秘めたる「メンタリティー」が挙げられる。

　ヨーロッパの移民受入れの歴史を辿ると，第二次大戦後の経済復興のために外国からの安価な労働力を大量に受け入れた経済成長期（おおよそ1945年から1975年）に遡るといわれている。この時期，ヨーロッパの国々にアラブとその周辺地域出身のムスリムが多数移り住んだのだが，そうした移民の第一世代が家族を持ち，現在は第二世代，第三世代にまで至っているという状況にある。移民ムスリムの第一世代は，自分たちの家族を守り，養っていくためどんなつらい状況だろうと受け入れ，耐えて生活していくという，いわば「覚悟」を持った世代であった。言い換えれば，移民先の環境に無理矢理でも順応させる若しくは自分を合わせていくメンタリティーを備え持っていたといえる。

　ところが，彼らの子供の世代である第二世代以降のムスリムの場合，元々

74　第1章　イスラム過激派の動向と我が国へのテロの脅威

のヨーロッパ人と同様に生まれた時からヨーロッパで生活しているため，もはや"ヨーロッパ人"であり，そうした子供たちが，宗教や人種の違いで差別や偏見を受けた場合，自らの存在についてどう考えるだろうか。宗教や人種に対する偏見や差別はどの国にも少なからず存在するものだが，親の世代と違って，つらい環境にも耐え忍んで生きていくという「覚悟」を持たずに育っているため，心が折れ，自分のルーツを想い悩み，これが社会に対する「疎外感」へつながってしまっていると思われる。

　元在シリア日本国大使である国枝昌樹氏は，その著書『イスラム国の正体』の中で，人は自分の立ち位置に「疎外感」を持っている時，精神的に高揚感や満足感を得られる勇ましいことを主張する存在へと惹かれていくと主張している。筆者もそのとおりであると考えるし，2015年2月に報じられた英国人少女3人のシリア渡航は，この例に当たるのではないだろうか。普通の家庭で育ち，学校でも優秀な成績だった15，16歳の彼女らをシリアに追い立てたものは何だろうか？　筆者は彼女らもシリアを目指す他の若者同様に地域や家庭において「疎外感」を感じ，勇ましさを主張するISILへと引き付けられたのではないかと考える。親が子供の普段の様子を何も知らず，関心もなければ，子供たちは簡単に親の知らないところでISILに取り込まれてしまうだろう。

　このように世代間のメンタリティーの差が，多感な若者の意識に「疎外感」を生み，ISILの巧妙な宣伝によりシリアの戦闘地域へと若者を導いてしまったのである。

⑵　巧妙なメディア戦略

　もう一つの要素として，ISILのメディア戦略が挙げられる。

　ISILの発信する映像・声明文などは，組織の目標や意思を表明するという目的よりも，組織の「宣伝」という側面が強く，支持を獲得し組織の目標や軍事作戦を有効に推し進めていくためのツールとされている。人々の興味を引き付ける緻密な映像や，画像を多く用いた巧妙なオンライン雑誌を次々とインターネット上で公開し，これをメディアに取り上げさせ，ことさらISILの「華やかな面」を強調してきた。プラスのイメージでISILに共感する者を釣り上げる手法は，世界中のカルト集団が新人をリクルートする方法と同様

である。

なお，この種の雑誌としてはこれまでAQAPが刊行している雑誌『インスパイア』において，英文を用いたり，クオリティの高い写真を掲載したりすることで注目を集めてきたが，ISILは独自のメディア宣伝部隊「アル・ハヤート・メディア・センター」を擁しており，その完成度は，これまでに他の組織が作ったものと比べると，極めて高いとされる。まずは，考え抜かれた演出・脚本とカメラワークが挙げられるだろう。例えば，人質殺害映像において，あえて斬首シーンをカットし，殺害された屍体の映像を載せるなど殺害の瞬間を外した演出を施すことにより，まるで演劇のように視聴者に「人が殺された」というストーリーを読ませる手法が用いられている。そのため，斬首という衝撃的な映像であるにもかかわらず，ISILに無関係な人の目まで向かせる効果を生んでいるのだろう。

また，ツイッターに殉教者の写真を掲載したり，欧米人たちが英語でジハードを呼び掛ける勧誘ビデオ映像をインターネット上に公開したりとメッセージ発信にも力を注ぎ，これらコミュニケーション・ツールを駆使する若者文化にも精通した戦略を用いている（現在，ツイッター社は，ISILシンパのアカウントを大量に閉鎖し，不適切なアカウントを迅速にブロックしている。同様にユーチューブ側もアカウント停止処分をしている。）。

5　ISILに共鳴・参加した可能性を有する者による実際のテロ事例

○　ベルギーのユダヤ博物館襲撃に関与したシリア帰還者の逮捕（2014年5月）

2014年5月24日，フランス人の男がベルギーの首都ブリュッセルに所在するユダヤ博物館を襲撃，突然銃等を発砲し，4人を殺害した。同人は，フランスで強盗未遂罪等で収監された過去があり，収監中に過激なイスラム主義に転向したといわれている。同人は，2012年12月に釈放され，フランスを出国，イギリス，レバノン，トルコを経由してシリアへ渡航，約1年間，ISILを始めとする様々な戦闘組織に参加したとされている。本件は，シリアから

欧州に帰還した者がテロを企図し，実害をもたらした初めての事件であった。

○　オーストラリアにおける人質立てこもり事件（2014年12月）

2014年12月15日，オーストラリアのシドニー市内一角のマーティンプレイスに所在する人気店「リンツ・チョコレート・カフェ」においてショットガンで武装した男1人が，店内にいた従業員・客17人を人質に立てこもり，アボット首相との対話及びISILの旗を持ってくることを要求した。イスラム過激派による犯行のように振る舞っていた同人は，警察との銃撃戦の末に死亡した。人質に黒地に白色でアラビア語が書かれた布を持たせるなどISILの影響を受けたものと見られているが，過去に約40件の性的暴行の容疑で捜査対象となっていたことから，治安機関が既に把握していた人物であったにも関わらず未然に防ぐことができなかった点が本事案の特徴といえる。

○　デンマークにおける連続テロ事件（2015年2月）

2015年2月14日，デンマークの首都コペンハーゲンで，目出し帽を被った者がイスラム教の冒瀆と言論の自由に関する討論会の会場に向けて発砲し，

立てこもり事件があったカフェから走り出る人質ら（シドニー・オーストラリア，2014年12月16日，ロイター＝共同）

「ISIL」の脅威との闘い　77

同所にいた映画監督の男性が死亡，警察官3人が負傷した。犯人は車で逃走し，翌2月15日，コペンハーゲン市内のシナゴーク（ユダヤ教礼拝所）に現れて発砲し，ユダヤ人の警備員1人が死亡，警察官2人が負傷した。その後，警察との銃撃戦の末，犯人が死亡した事案であるが，同人は，パレスチナ移民二世で，紛争地域帰還者ではなくISILの戦闘に参加したい旨の過激な言動が見受けられていたことから，本件は「ローン・ウルフ」型テロといえよう。

6　我が国に対する国際テロの脅威

　こうした情勢の中，2014年10月，ISILに戦闘員として参加するため，シリアに渡航しようとした北大生らを私戦予備・陰謀罪の容疑で警視庁が事情聴取や家宅捜索を実施した。この事件は大いにメディアの注目を集めたが，正に日本人がISILを「今そこにある危機」として感じられた瞬間であった。今後も，我が国からISIL等へ外国人戦闘員として参加を企図する者が出てこないとも限らない。冒頭にも触れたが，2015年1月及び2月，日本人2人がシリアにおいて拘束・殺害された事件に関し，ISILは自ら発行している英語版オンライン雑誌『ダービク（DABIQ）』第7号において，「全ての日本人と日本権益は，今やそれがどこにあろうと，あらゆる場所にいるカリフ国の兵士とその支援者たちの標的になったのである」と脅迫している。これまでも，2012年5月に米国が公開したオサマ・ビンラディン殺害時の押収資料によれば，同人が「韓国のような非イスラム国の米国権益に対する攻撃に力を注ぐべき」と指摘していたことが明らかになっており，我が国がテロの脅威に直面していることを物語っている。

　また，米国で拘束中のAQ幹部のハリド・シェイク・モハメドは，米国捜査当局に対して「サッカーFIFAワールドカップ日韓大会を狙って日本でテロを計画していた。しかし，日本にはイスラム教徒が少なく，支援体制の構築が困難だったため断念した」と述べている。万が一，この計画が実行されていたら華やかなスポーツの祭典が大変な惨事となっていたかもしれない。さらに，殺人，爆弾テロ未遂等のテロ容疑の罪で国際手配されていたリオネ

ル・デュモンのドイツにおける逮捕（2003年12月）を機に，同人が不法に我が国へ入出国を繰り返していた事実が明らかになった。同人が9か月間以上も日本に潜伏し，新潟県，群馬県等において中古車販売業に従事していた事実は，テロリストのネットワークが我が国にも及んでいることを如実に示している。

7　我が国における国際テロ対策

　テロ対策の要は未然に防止することである。テロは秘匿性の高い行為であり，収集される情報は断片的なものが多いことから，日々の情報の蓄積と総合的な分析を基に様々な対策に活用していくことが肝要である。

【官民一体の日本型テロ対策】
　本誌の読者ならこの言葉を御存じだろう。これは，簡単にいうならば，治安機関である警察が民間事業者及び地域住民等と手を取り合って，知恵を出し合い，お互いの異なる視点をいかしながら連携した施策を行い，テロを封じ込めていく活動である。ここでは実際に行われている「管理者対策」と「外国人コミュニティとの連携」について紹介したい。

⑴　管理者対策
　管理者対策の目的は，施設等の管理者が不審者に対する着眼点や具体的な対応要領を習得するとともに，不審な動向を見受けた場合に警察への迅速な通報がなされる協力体制の構築にある。ホテル・旅館業者を例に挙げると，実際に接客業務に当たる従業員に対して，チェックイン時に不審な言動がある者に対応する場合や電話による問い合わせがあった場合を想定した体験型の訓練である「ロール・プレーイング型訓練」に力を注いでいる。

　また，ホテル・旅館業者側の外国人宿泊者に対する本人確認義務が，平成17年に厚生労働省から公布された旅館業法施行規則を改正する省令に基づき強化され，宿泊者名簿の記載事項に外国人宿泊客の国籍及び旅券番号を追加するとともに，旅券の写しを保存することとなった。さらに，近時の国際テロ情勢を踏まえ，警察からの働き掛けにより，2014年12月に厚生労働省から旅館業者における宿泊者名簿への記載を徹底する通知文が発出され，事業者

「ISIL」の脅威との闘い　79

に対する周知，指導が徹底された。

(2) 外国人コミュニティとの連携

　他方，テロリストが我が国でテロを実行しようとする場合，頼りにするのは同じ国や地域の仲間であろう。警察はそうしたテロリストを含む犯罪組織等による外国人コミュニティの悪用を防止するため，外国人コミュニティとの連携を強化している。その目的は，外国人集住地域や宗教施設，学校等多数の外国人が参集する施設に対して，そのコミュニティ内で見受けられたどんな些細な困り事や心配事も相談されるように信頼関係を築くことであり，ひいては地域社会にうまく溶け込み，我が国において憂いなく生活できるように支援していくことである。

　具体的な施策として，地域の環境やコミュニティのニーズを基に，参加可能な地域イベントを把握し，実施に向けた橋渡しを行っており，例えば，防犯講話等の支援活動や地域住民主催の清掃活動・防災訓練への参加等地域住民と触れ合う機会に向けた積極的な取組を推進している。新聞報道によれば，某県に所在するモスクについて，地域住民からトラブルの発生に伴う苦情が地元の警察署に度々寄せられていたため，モスクに地元とのつながりを持ってもらおうと，毎年秋にカーブミラーを清掃している地元のボランティア団体に依頼し，合同清掃活動が実施されたそうだ。その結果，双方から「このような交流ができてよかった。また一緒にやりたい。」「ずっと村の人と活動したいと思っており，本当にうれしかった。」とモスク関係者と地域住民の交流が図られ，良好な関係の構築に資することができたとのことである。こうしたコミュニティとの連携強化は，官民一体で取り組むべきであり，政府において検討している新たな国際テロ対策の官民施策の一つとして盛り込まれるべきであろう。

　最後に，海外における取組事例として，デンマークにおける過激化対策に触れておこう。前述したコペンハーゲンでのテロ事件では監視を強化する対策が議会で審議される一方，「寛容」や「包容」を重要な価値観とするこの国では，これらを取り入れた過激化対策も進めている。第二の都市オーフスでは，2013年には約30人が過激化組織を目指してシリアへ渡航していた状況から，市と警察は帰還した若者に対して，カウンセリングで洗脳を解きなが

ら，教育や生活を支援するプログラムを導入している。また，市や警察は，モスクにも協力を仰ぎ，若者の様子について定期的に情報交換する等過激化した若者を社会から排除しないというコンセプトを基に対策を進めている。

8　おわりに

　ISILの台頭に伴い国際テロ情勢は依然として厳しい情勢下にあり，世界の各地でテロが起きている。折しも，本稿執筆中にチュニジアにおける博物館襲撃テロ事件が発生し，邦人も犠牲となった。イスラム過激派組織の犯行と見られるが，自らの主義・主張のため，何の関係もない人の尊厳を踏みにじり，尊い命を奪うテロ行為を決して許してはいけない。

　2020年には，東京オリンピック・パラリンピック競技大会という世界が注目するスポーツイベントが開催される。日本が世界に誇る治安の良さを前面に出し，成功裏に終わらせ，安全・安心な国であることを世界にアピールするためには，テロをめぐる世界情勢を的確に把握し，これまで述べてきた国際テロの脅威について認識を深め，多くの国民の声に耳を傾けながら，相手の立場に立った視点と発想力で「官民一体の日本型テロ対策」を更に深化させ，取組を加速化させていかなければならない。国民が一丸となって「テロを許さない」という気概を持ち，前進すれば，必ず道は開け，目標は達成されると筆者は信じている。

【追記】

1　はじめに

　前記記事が発行された後も，海外において数々のテロが起こり，中には邦人が犠牲となったものもあった。そんな中，2019年には，Ｇ20サミット，ラグビーワールドカップ大会，2020年には，東京オリンピック競技大会・東京パラリンピック競技大会が我が国において開催される。こうした大規模な国際会議や国際スポーツ大会等は，世界的に大きな注目を集めることから，テロの格好の攻撃対象となり得るものである。特に，オリンピック・パラリンピックは，世界中から多数の要人，選手団，観客等が集まり，国際的な注目度の極めて高い行事であるため，我が国がテロの標的となる可能性は否定できない。「ISIL」だけではなく，あらゆるイスラム過激派組織による我が国における国際テロを防ぐため，前記記事に加え，東京オリンピック競技大会・東京パラリンピック競技大会に向け，更に講じるべき対策についてここで追記したい。

2　東京オリンピック競技大会・東京パラリンピック競技大会を見据えたテロ対策の強化

　平成29年12月11日，国際組織犯罪等・国際テロ対策推進本部（本部長：内閣官房長官）において，「2020年東京オリンピック競技大会・東京パラリンピック競技大会等を見据えたテロ対策推進要綱」が決定され，2020年東京オリンピック競技大会・東京パラリンピック競技大会及びラグビーワールドカップ2019を見据えたテロ対策に更に万全を期すため，政府が一丸となって強力に推進する対策が示された。

　同要綱では，現下の国際テロ情勢について，「本年（平成29年）に入って，5月に英国・マンチェスターにおける有名歌手のコンサート会場を標的とした爆弾テロ事件，6月に英国・ロンドンにおける車両突入・ナイフによる襲撃テロ事件，8月にスペイン・バルセロナにおける車両突入事件，10月に米

国・ニューヨークにおける車両突入事件等，多数の死傷者が出る事件が続いており，ISILが中東や東南アジア地域における主要拠点を喪失する中，各地に拡散したISILの元戦闘員やその支持者等によるテロには，今後も警戒する必要がある。また，ISILが，支持者に対して，爆弾や銃器が入手できない場合には，ナイフ，車両等の身近な手段を用いてテロを実行するよう呼び掛けていることなどを踏まえ，こうした手段によるテロを含め，様々な形態のテロの脅威を想定した対策を不断に検討し，有効な対策を速やかに実行していかなくてはならない。」としている。

また，政府が一丸となって強力に推進する対策として，

1　情報収集・集約・分析等の強化
2　水際対策の強化
3　ソフトターゲットに対するテロの未然防止
4　重要施設の警戒警備及びテロ対処能力の強化
5　官民一体となったテロ対策の推進
6　海外における邦人の安全の確保
7　テロ対策のための国際協力の推進

の7項目が示された。

3　新たに追加された対策

(1)　車両突入テロ対策の推進

これまで，政府のテロ対策においては，「邦人殺害テロ事件等を受けたテロ対策の強化について」（平成27年5月29日付け国際組織犯罪等・国際テロ対策推進本部決定），「パリにおける連続テロ事案等を受けたテロ対策の強化・加速化等について」（平成27年12月4日付け国際組織犯罪等・国際テロ対策推進本部決定）により，喫緊の課題として6項目の対策が掲げられていたが，今次要綱では，「ソフトターゲットに対するテロの未然防止」が追加され，政府が一丸となって強力に推進していく対策7項目が示された。また，「ソフトターゲットに対するテロの未然防止」の施策として，「車両突入テロ対策の推進」が追加となり，

「ISIL」の脅威との闘い　83

○　官民の連携する様々な取組を利用して，イベント等主催者における突
　　　入阻止車両の活用等による自主警備の強化及び国民全体への車両突入テ
　　　ロに係る危機意識の醸成を推進する。
　　○　イベントの警戒に際しては，突入阻止車両を含めた各種資機材の活用
　　　と警戒区域の適切な設置により，車両突入の物理的阻止を図る。
　　○　レンタカー業者に対しては，借受人への本人確認や使用目的聴取の徹
　　　底及び不審点を認めた場合の警察への通報の励行を一層強く働き掛ける
　　　とともに，対応訓練の拡充を図る。
等の取組が指示された。

(2)　民泊サービスの適正な運営

　「住宅宿泊事業法」が平成30年6月15日に施行されることに伴い，「官民一
体となったテロ対策の推進」の項目に，「民泊サービスの適正な運営」が追
加され，
　　○　民泊サービスについては，テロリストに利用されることを防ぐべく，
　　　これを監督する自治体と緊密に連携してその適正な運営を確保するとと
　　　もに，無許可で旅館業を営む違法民泊の取締りを徹底する。
等の対策が示された。

4　新たな対策が追加された背景

(1)　車両突入テロ対策

　欧米各地において車両を武器として使用するテロ事件の発生がみられ，ア
ル・カーイダやISILが車両利用によるテロ攻撃を有効な手段として推奨する
など，車両突入テロの脅威が高まっている。
　レンタカー事業者に対する対策についても，これまでの人や物の移動手段
としての利用を想定した対策から，車両が武器として使用される危険性につ
いて意識付けを図り，本人確認や不審点を認めた場合の通報について一層強
く働き掛けていかなければならない。また，対象の範囲についても，一般的
なレンタカー事業者のみならず，ホームセンター等におけるトラックの貸し
出しやレンタル機材事業者によるトラック等の貸し出しについても対処する

84　第1章　イスラム過激派の動向と我が国へのテロの脅威

必要がある。

⑵　民泊サービスの適正な運営

　民泊についても，ホテル・賃貸マンション・インターネットカフェ等の宿泊施設等と同様，テロリストを始めとする犯罪者の潜伏場所等として利用されるおそれがあることから，宿泊施設の場所の届出，宿泊者名簿の備付け等，宿泊者の身元を確実に確認できるような措置が講じられることが重要である。また，テロ対策及び一般犯罪対策において最も注意しなければならないのは，無許可で旅館業を営む違法民泊であり，闇サイトの仲介業者である。正規に届出（登録）された住宅宿泊事業者，住宅宿泊管理業者及び住宅宿泊仲介業者に対する働き掛けのほか，違法民泊に対する取締りの推進により住宅宿泊事業の健全化を図ることが，テロ対策上重要となる。

5　おわりに

　厳しさを増す国際テロ情勢に鑑み，また，G20サミット，ラグビーワールドカップ大会及び東京オリンピック競技大会・東京パラリンピック競技大会の我が国における開催を見据え，国民一人ひとりが，我が国におけるテロの未然防止は関係省庁の取組だけでは決して達成することができないことを認識し，国民一丸となって，テロ対策に万全を期していくことが不可欠である。

「アラブの春」を振り返って

〜「アラブの春」の連動と
ソーシャルメディアが与えた影響〜

西見　雅一

1　はじめに

　2010年12月，チュニジア中部の都市シディ・ブジドにおいて失業中だった26歳の男性の焼身自殺を発端にして始まった反政府抗議民主化運動は，同国のベン・アリ政権を倒し，「ジャスミン革命」と呼ばれた。

　この「ジャスミン革命」に端を発した一連の中東・北アフリカ地域での反政府抗議民主化運動は，一般的に「アラブの春」と呼ばれるようになり，世界に大きな衝撃を与えた。

　「アラブの春」の波動はインターネットやメディアなどを通じて瞬く間に広がり，エジプト，リビアで政権を崩壊させ，シリアにおいても現在まで混乱が続く内戦状態を引き起こしている。

　欧米諸国の政府やメディアは，この政治的大変動を，長期独裁政権に対する国民の「民主化革命」ともてはやした。また，ソーシャルメディアという新たな情報技術が大規模な抗議集会の展開を可能にしたことで，「インターネット革命」などとも評された。

　本稿では，「アラブの春」の背景及び事態の推移やその影響について，政権が崩壊したエジプト，リビア，現在も内戦状態にあるシリアの順に今一度回顧するとともに，あわせてソーシャルメディアが「アラブの春」に与えた

影響について考察してみたい。

2 「アラブの春」各国の状況

(1) エジプト
ア 背 景
　ムバラク政権下のエジプトは，2000年以降の経済自由化により年間5～7％の高い経済成長率を維持していた。その一方，穀物価格高騰による食料品の値上げなどによる物価高や，若年層を中心とする高い失業率の影響で，貧困層の経済状況は悪化していた。経済成長の恩恵は一部の富裕層にとどまって貧困層には届かず，国民の不満は蓄積されていた。また，29年間続いた非常事態宣言の中で野党関係者等が政府によって恣意的に弾圧され，人権状況の改善が訴えられていたことに加え，2011年秋の大統領選挙でムバラク大統領が6選を狙っているという憶測や，後継者に同人の二男であるガマルが目されていたことも批判の一要素となっていた。

イ 事態の推移
　チュニジアでの政変が伝えられる中，2011年1月25日，民主化運動を支持する青年組織「4月6日運動」や野党勢力が大規模なデモを計画し，これに呼応した複数の団体がフェイスブックを通じてデモへの参加を呼び掛けた。これに対し政府はデモの抑止に動き，大規模デモの発生と前後して，フェイスブックやツイッターといったソーシャルメディアへのエジプト国内からのアクセスが遮断された。にもかかわらず，1月25日にはカイロやアレクサンドリア，スエズなどでデモが実行され，少なくとも約1万5,000人が参加するなど，当局によるインターネットの規制もデモの発生を抑えるには至らなかった。市民は口コミによりデモの情報を伝達し，行動に移していたからだ。その後もムバラク大統領の退陣を求めるデモはエジプト各地で相次ぎ，同国のイスラム主義組織で最大の野党勢力である「ムスリム同胞団」もデモへの支持を表明した。こうした動きに対し，同国政府は警察部隊や軍によるデモ隊の鎮圧に乗り出し，死傷者が出る事態に至ったが，他方，事態鎮圧のために動員された兵士や警察部隊の中に

は，命令を拒否する者や制服を脱いで反政府デモに参加する者，民衆と握手を交わす者の姿も見られるようになっていった。

高揚する野党勢力は，インターネット上で2月1日の無期限ゼネラル・ストライキと，カイロ中心部に位置するタハリール広場から大統領宮殿までの100万人デモ行進を呼び掛けた。軍とデモ隊との衝突も懸念されたが，軍部は突如，デモ参加者への武力行使を拒絶し，中立を表明して大規模なデモが実施されるのを黙認，タハリール広場で決行されたデモには20万人以上が集まった。デモは騒乱が始まって以来最大規模のものとなり，軍部からもNOを突きつけられる形となったムバラク大統領は，2月1日夜，国営テレビにおける演説で次期大統領選挙への不出馬と，与党に有利であった選挙制度の改革を表明した。

ウ　政権の崩壊

反ムバラク派は2月11日を「挑戦の金曜日」，「追放の金曜日」と名付けてインターネット上でストライキやデモを呼び掛け，当日行われたデモは全国で約100万人規模となった。スレイマン副大統領は国営テレビで演説し，ムバラクの大統領職退任とエジプト軍最高評議会への全権委議を発表し，30年近くに及んだムバラク政権はここに瓦解した。

エ　政権崩壊後

ムバラク辞任後，全権を掌握したエジプト軍最高評議会は憲法を停止して事態の収拾を図った。しばらくは軍による暫定統治が続いたが，2011年12月から2012年1月にかけて実施された人民議会選挙（定数508）において，「ムスリム同胞団」が結成した「自由公正党」が235議席を獲得し第一党となった。さらに2012年5月から6月にかけて実施された大統領選挙でも，同党党首のムルスィーが大統領に当選し，同国において史上初めてのイスラーム主義政権が誕生した。正規の選挙を通じて政治の表舞台に踊り出た「ムスリム同胞団」は，エジプトの統治機構に対する支配の強化を試みたが，悪化する経済・治安状況とも相まって，リベラル・世俗派勢力との間で亀裂が深まり，国論の二極対立が進行した。このような状況下，ムルスィー大統領就任1周年の日に発生した大規模な反政府デモに乗じ，軍部がクーデターを起こしムルスィー大統領を解任，暫定政府を成立させ

た。

　軍部による暫定政府は「ムスリム同胞団」の非合法化を進め，幹部を拘
束するなど「ムスリム同胞団」の弾圧に乗り出し，2014年5月に実施され
た大統領選挙ではシーシー前国防相が当選，大統領に就任した。

オ　今後の懸念・影響

　シーシー政権は，治安回復と経済対策を公約とした。しかし，エジプ
ト・シナイ半島において，2015年10月31日のロシア旅客機墜落（ISILシナ
イ州が犯行声明発出）や，2017年11月24日の武装勢力によるモスク襲撃
（300人以上が死亡）などのテロが発生しており，エジプトの主要産業であ
る観光業は衰退し，依然として経済は低迷している。

　2016年11月には，国際通貨基金による経済支援の条件として変動相場制
に移行したが，物価の高騰と高い失業率に苦しんでいる。

　アラブ諸国の盟主であるエジプトの混乱は周辺諸国に及ぼす影響も大き
く，イスラム過激派組織の更なる伸張も許す結果になりかねないことか
ら，一刻も早いエジプトの政治・経済の安定が期待される。

(2)　リビア内戦

ア　背　　　景

　リビアは，チュニジアやエジプトとは異なり，歴史的に豊富な石油や天
然ガス資源を背景とした「富」が比較的国民に配分されてきた国家といわ
れる。その一方で，1969年の政権掌握以来，カダフィ政権による反政府活
動に対する厳しい監視や弾圧，強権的な統治に対する国民の不満は頂点に
達していた。また，国民のみならず，権力の後ろ盾である軍や部族の間に
もカダフィに対する不満は鬱積していた。

イ　事態の推移

　「アラブの春」がチュニジアやエジプトでの政変を生んだのを目の当たり
にした民衆の間で，インターネット上で反政府デモを呼び掛ける動きが始
まった。これに対し当局は，デモを呼び掛けた者の逮捕やインターネット
の遮断により「封じ込め」を図ったが，一度，インターネット上で呼び掛
けられたデモ情報は，リビアでも民衆の口コミにより伝達された。2011年
2月15日には，リビア東部の主要都市ベンガジにおいて，反政府勢力によ

「アラブの春」を振り返って　89

るカダフィ退陣を求めるデモが始まった。同月17日になると，反政府デモ
はリビア各地に拡大，同月21日には首都のトリポリにまで飛び火した。カ
ダフィ政権は，拡大した反政府デモを徹底して弾圧したものの，カダフィ
政権の自国民への攻撃に反発した軍の一部が反政府側につき，ベンガジを
制圧するなど，政権内部からも反旗の狼煙が上がっていった。

ウ　政権の崩壊

　ベンガジで始まった反政府勢力とカダフィ政権との戦いは，国連安保理
の決議を受けて軍事介入した北大西洋条約機構（NATO）の強力な支援
もあり，2011年8月22日に首都トリポリが陥落し，これをもって，42年に
わたるカダフィ政権は事実上終わりを告げた。カダフィ自身はトリポリか
ら逃亡したが，同年10月20日に出身地スルト市内の排水管に身を潜めてい
たところを攻撃され死亡した。

エ　政権崩壊後

　カダフィ政権崩壊後，国民評議会による暫定政府が発足し，2012年7月
に60年ぶりに国民議会選挙が実施された。定数200議席のうち，120議席が
無所属に，80議席が政党に配分され，国民勢力連合が39議席，ムスリム同
胞団系の公正建設党が17議席，残りの議席を中小政党が獲得した。同年8
月，国民評議会による権限委譲を受け，国民議会は正式に国の最高機関と
なった。

オ　今後の懸念・影響

　カダフィ政権崩壊後のリビアにおいては，西部を中心とするイスラム主
義勢力と東部の世俗派勢力が対立した。2015年12月には，国連の仲介で主
要政治勢力が統一政府の樹立に合意，西部の首都トリポリを拠点とするシ
ラージュが暫定首相に就いたが，東部勢力はこれを拒否し，東西で国家分
裂状態となっていた。しかし，2017年7月，東西の対立勢力が停戦に合
意，2018年春の大統領選・議会選実施や，テロ組織掃討作戦での相互協力
が確認されている。

　2011年の政変時に戦った武装勢力がリビア各地に乱立し，武力衝突が続
く中，リビア情勢の安定化は，リビアを経由し欧州を目指す移民・難民流
入問題の解決においても重要な課題といえよう。

(3) シリア内戦

ア 背 景

2000年7月，ハーフィーズ・アサド大統領の死亡により，後継者として息子のバッシャール・アサドが大統領に就任した。就任当初の同大統領は「ダマスカスの春」と呼ばれる民主化も含む政治改革を推進したものの，政権党であるバース党内の守旧派や軍部の抵抗で思うように改革は進展せず，2003年のイラク戦争以降は一転して体制の引き締め政策を行った。デモ・集会の禁止，言論統制の強化や民主活動家の逮捕など，民主化とは逆行した道を歩むとともに，政権の要職にはアサド一族が就き腐敗が横行した。貧富の格差が開き続ける経済状況に対しても無策であったアサド政権に，国民の不満は日に日に高まっていた。

イ 事態の推移

シリアでの反政府運動は，2011年3月15日，インターネット上の呼び掛けによりシリア各地の主要都市で一斉にデモが行われたことを契機として拡大した。同月25日には，再びインターネット上で「栄光の金曜日」と呼ばれるデモが呼び掛けられ，各地で数万人が抗議活動を行った。続発する反政府デモに対し，シリア政府が軍・治安部隊を投入して鎮圧を続ける一方，反体制派はサウジアラビアや欧米諸国からの後押しを受けて，政府軍の離反兵を中心に構成される武装組織「自由シリア軍（FSA）」や，代表組織「シリア国民連合」を立ち上げるなどして政府の打倒を目指す姿勢を明らかにし，事実上の内戦状態に発展した。2013年には，反体制派がシリア北部及び東部地域などを支配下に置く一方，政府側が首都ダマスカスを含む同国西部地域などの支配を維持するなど，緊張状態が続いた。また，同国のクルド人組織は，北部のクルド人居住地域の多くを支配下に置き，反体制派とも散発的な戦闘を繰り返した。

こうした中，国際社会は欧米諸国を中心に国連安全保障理事会でシリアに対する制裁案の可決を目指したが，その都度，中国及びロシアが拒否権を行使したため，可決には至らなかった。他方，アラブ連盟が2011年11月に，また，イスラム協力機構が2012年8月に，政府による自国民の弾圧を理由として，それぞれの組織への参加資格を停止した。

米国や欧州連合，トルコやサウジアラビアなどの湾岸産油国は，アサド大統領の退陣を求め，シリアの反体制派を政治的・軍事的に支援したが，欧米諸国の影響力拡大を嫌うロシアと中国，また，中東政治でサウジアラビアと競合関係にあるイランは，それぞれシリア政府への支援を強め，更には，レバノンの「ヒズボラ」もシリア政府への軍事的支援を本格化させた。

　「イスラム国」（ISIL）は，こうしたシリア内戦の混乱・長期化に乗じ勢力を拡大させ，2014年6月にはシリア北部の都市，ラッカを「首都」とする「国家」の樹立を宣言した。一時，イラク北部からシリア北部にまたがる広大な地域を支配下に置き，疑似国家を展開したISILであったが，2017年7月には最大拠点であったイラクのモスルが陥落，同年10月にはラッカも奪還され，主要な拠点を全て失った。

ウ　今後の懸念・影響

　シリアでのISIL掃討作戦はほぼ完了し，内戦後を見据えた動きが活発化している。今後，ロシアやイラン，米国，クルド人勢力などが影響力確保に動けば，シリアの混乱が更に長引く可能性もある。

　他方，イラクとシリアでの実行支配地を失ったISILの脅威が，リビアやアフガニスタン，エジプトなどの周辺国で高まっている。政治の混乱や経済の低迷が続く国々での拠点構築を目指す戦闘員の流入が指摘されており，新たなグループの組織化が懸念される。

3　ソーシャルメディア（SNS）が「アラブの春」に与えた影響

　選挙の投票動向を左右するツールとして，SNSの存在は，世界的に無視できないものとなっている。我が国でも，2013年に公職選挙法が改正され，インターネットを利用した選挙活動が可能となったことは周知のとおりである。エジプトやリビア，シリアのインターネット普及率は，先進国からすれば成熟したものとはいえないであろうが，「アラブの春」の広がりをめぐってソーシャルメディアが与えた影響は，既述のとおり決して無視できないものと思われる。

「アラブの春」の動きに，ソーシャルメディアはいかなる役割を果たしたのか。ドバイの政府系シンクタンクであるドバイ政府校（Dubai School of Government）が興味深い調査分析を行っているので，紹介してみたい。

　チュニジアで発生した「ジャスミン革命」以降のデモ活動について，2011年2月4日のシリアでの抗議活動を除き，1月25日のエジプト，2月3日，10日のイエメン，2月14日のバーレーン，2月17日のリビア，3月3日のオマーンでのデモ活動は，ソーシャルメディアにおいて参加の呼び掛けが行われている。アラブ地域での抗議の呼び掛けの多くは，主としてフェイスブックによりなされており，同校では，フェイスブックが人々が抗議行動を組織した唯一の要因ではないが，それらの呼び掛けの主たるプラットフォームとして，運動を動員した要因であることは否定できないとしている。また，フェイスブックの浸透度が低い国においても，活動の中核にいる人々が他のプラットフォームや伝統的な現実世界の強固なネットワークを通じてより広いネットワークを動員する有益なツールであったと分析している。

　同校では，エジプト・チュニジア両国のフェイスブック利用者に対して市民運動中のフェイスブック利用調査も行っているが，これによると，「アラブの春」の期間中にフェイスブックを使用した主な理由として，「運動の背景に関する認知度を高めること」が両国で最も多く，運動や関連情報に関する情報発信や，運動に係る計画や活動家間の管理も含めると，8割を超える利用者が市民運動関係の情報活動をフェイスブックを通じて行っていたという。また，「市民運動期間中に，どこから事件に関する情報を得ていたか」との質問に対しては，ソーシャルメディアである旨の回答が両国とも最も多かった。

　なお，両国での調査では，政府機関によるインターネットの遮断の効果についても調査しているが，両国で半数以上が，「より人々の活動を活発化させる」など社会運動側にとって肯定的影響があった旨回答している。

　ここで紹介した分析はその一例に過ぎないが，ソーシャルメディアが一連の「アラブの春」の潮流に与えた影響は極めて大きかったといえよう。

　実際に「アラブの春」に参加したエジプト人青年は，「ネットなどの手段がなければ，人々を動員することはできず，革命は起きていなかったかもし

れない。しかし，1月25日の抗議活動以降は，ネットは脇役でしかなかった。その日からはネット革命ではなく，街頭の革命になった。人々はムバラク退陣までタハリール広場を離れなかったのだから」とツイッターに投稿している。

4　おわりに

　ソーシャルメディアといった新たな情報技術の力も借りて始まった「アラブの春」の民衆エネルギーは，当初，各国の独裁強権体制を打倒して独裁と腐敗を一掃し，安定した民主的政権の誕生を目指した。そして，間違いなく独裁強権体制は市民の力により崩壊した。しかし，その後の不安定さという間隙にイスラム主義勢力が入り込み，リベラル・世俗派勢力との対立が起こった。また，ISILや，「イスラム・マグレブ諸国のアル・カイーダ（AQIM）」といったアル・カイーダ関連組織が武器の供給や資金の獲得などにより，急激にその勢力を伸ばし，中東社会の混迷に拍車をかけた。今後，「アラブの春」を経験した各国はどこに向かうのか。アラブ市民社会の行く末が注目される。

我が国における
国際テロの脅威

神﨑　貴典

1　はじめに

　2013年 4 月15日，米国ボストン・マラソンのゴール付近で 2 個の爆弾が相次いで爆発し， 3 人が死亡，200人以上が負傷したテロ事件は，世界中の人々に衝撃を与えた。本来，平和の象徴ともいえるスポーツイベントが，凄惨なテロの現場と化したことで，警備の比較的甘いソフトターゲットが標的となるのを防ぐことが容易でないことを改めて見せつけた。

　ボストンでのテロ事件を受け，同月17日には，国際陸上競技連盟（IAAF）と国際オリンピック委員会（IOC）は，共に非難声明を発表した。翌週に開催されたロンドン・マラソンの運営責任者は，開催前に警備態勢を見直した結果，追加措置をとって安全確保に全力を挙げると述べ，日本国内でも，東京マラソン財団が，翌年 2 月に開催された第 8 回東京マラソンで，ボストンのテロ事件を受けて警備・救護体制を強化すると発表した。

　このようにボストンでのテロ事件の影響は大きく，世界中の大規模イベントの主催者や警察は，警備体制の見直しを迫られることになった。

【参考】
スポーツイベントを標的にした国際テロ

　スポーツの国際大会でテロというものを最初に認識させたのは，1972年のミュンヘンオリンピックでの事件^(注)である。

（注）　ミュンヘンオリンピック事件
　　1972年9月5日，旧西ドイツ・ミュンヘンでオリンピック開催中，パレスチナ武装組織「黒い9月」のメンバー8人が武装して選手村の宿舎に侵入した。武装組織は，イスラエルのコーチら2人を殺害し，選手9人を人質に取り，イスラエルに収監されているパレスチナ人の解放を要求した。
　　旧西ドイツ当局が，武装組織と交渉し，エジプト・カイロ行きの航空機を手配することで合意したが，空港で銃撃戦となり，人質全員と警察官1人，武装組織側はリーダーを含む5人が死亡した。

　そのほか，1996年7月27日，米国・アトランタでオリンピック開催中，メインスタジアム近くのコンサート会場で爆弾が爆発し，2人が死亡，110人が負傷した事件など，スポーツイベントを狙ったテロは，過去にも発生している。

　「9.11」テロの首謀者ハリド・シェイク・モハメドは，2002年日韓サッカー・ワールドカップを狙ったテロを考えていたものの，当時は日本国内にテロを支援するためのインフラがなかったため，具体的な計画を立てるまでに至らず断念したといわれている。

　「アラビア半島のアルカイダ」（AQAP）が発行するオンライン雑誌『INSPIRE』第9号には，テロの対象として，スポーツイベントを狙うよう指示する内容の記事が掲載されており，テロリストらにとっては，世界中が注目する大規模イベントほど，自らの主張を世界中にアピールすることができ，開催国に相当のダメージを与えることができる絶好の機会であるといえる。

　2018年6月にロシアで開かれるFIFAワールドカップ大会に対しては，親ISILメディアがインターネット上に，ワールドカップ大会に対するテロ攻撃を呼び掛けるポスターを相次いで発出した。

2 米国・ボストンにおける爆弾テロ事件

(1) 概　　要

　2013年4月15日午後2時49分頃（現地時間），米国マサチューセッツ州ボストン市において，ボストン・マラソンのゴール付近2か所で爆弾が爆発し，3人（8歳の男児，23歳及び29歳の女性）が死亡し，200人以上が負傷した。

　同マラソンには，少なくとも268人の日本人が参加していたが，日本人の被害はなかった。容疑者2人は，同州ケンブリッジ市に居住するロシア・チェチェン系のタメルラン・ツァルナエフ（当時26歳），ジョハル・ツァルナエフ（当時19歳）兄弟であった。

(2) 容疑者逮捕までの経緯

　18日午後5時頃（現地時間），米国連邦捜査局（FBI）は，容疑者兄弟2人の映像を公開した。ボストン市警も公式のツイッターに容疑者の写真等を掲載し，捜査協力を呼び掛けた。

　同日深夜，マサチューセッツ工科大学構内において，容疑者2人に気付いた警察官が射殺される。その後，容疑者2人は，一般車両を強奪して逃走したが，その際，追跡する警察官に対して車内から爆弾等を投げつけ，銃撃戦を繰り広げた。この銃撃戦の最中，兄のタメルランが死亡し，弟のジョハルは住宅街に逃走した。

　19日未明，一帯に外出禁止措置がとられ，警察官が住宅を一軒一軒巡回し，ジョハルの捜索を進めた。その後，外出禁止措置は，ボストン全域に拡大されるとともに，公共交通機関も運行を全面停止した。

　同日午後7時頃，自宅裏庭の小型ボートの覆いに血痕が付いていることに気付いた住民が警察に通報。警察官が現場を包囲しジョハルに投降を呼び掛けたものの，これに応じなかったことから，警察官が突入し，午後8時40分，ジョハルの身柄を拘束した。

(3) 犯行の動機

　ジョハル容疑者は，米国によるアフガニスタン及びイラクにおける戦争に

反発し，兄とともに爆弾テロを敢行したと供述したとされる。一方，ジョハルは，外国のイスラム武装勢力から指示されることなく，兄弟独自で敢行したことを示唆したといわれている。

容疑者の逮捕後，オバマ米国大統領（当時）は記者会見で，外部勢力とつながりを持たずに自ら過激化した個人への対応が今後の課題だと述べている。

(4) インターネットを通じた過激化

2013年5月2日付け，米国紙『ニューヨーク・タイムズ』（電子版）は，捜査関係者の話として，ツァルナエフ兄弟は，イエメンで2011年に米国無人機の攻撃で殺害された米国人イスラム過激派聖職者アンワル・アウラキのオンライン説教を見て影響を受けたとみられると報じている。

米国連邦大陪審は2013年6月27日，大量破壊兵器使用など30の罪で，ジョハル容疑者を起訴した。起訴状によると，ジョハル被告は，警察との銃撃戦で死亡した兄と共謀し，圧力鍋を使った爆弾の作り方などを解説したオンライン雑誌『INSPIRE』をインターネットからダウンロードしたとされる。

同雑誌を発行した中東イエメンを拠点とするテロ組織「アラビア半島のアルカイダ」（AQAP）は，2010年，欧米の若者を勧誘するため初めてインターネット上で英語表記の同誌を配信，「ママの台所で爆弾を作ろう」と題し，圧力鍋やマッチなど容易に入手可能な材料を使い，1～2日で簡単に爆弾を製造する方法を解説していた。

3 日本における国際テロの脅威

2001年9月の米国における同時多発テロ事件（いわゆる「9.11」）以降，米国では大規模なテロ事件が発生しておらず，テロ防止対策が確立されていると思われていたが，ボストンのテロ事件が発生したことで，テロ対策が万全ではないことが証明された。

我が国も，ISIL等からテロの標的として名指しされており，近年もアルジェリア，シリア，チュニジア，ベルギー，バングラデシュ等において，邦人がテロの被害に遭う事件や我が国の権益が損なわれる事案が相次いでいる。

近年，イスラム過激派組織等は，インターネット等のメディアを効果的に活用し，ジハード思想を伝播するとともにリクルート活動を進めている。

　テロ組織からの指示や支援を受けない個人によるテロは，「ローン・ウルフ（一匹おおかみ）」型のテロと呼ばれ，インターネット等を通じ過激思想に触れ，自己過激化した者が，罪のない一般市民をターゲットにした事件を起こす可能性もあり，我が国も大規模・無差別テロの脅威に直面しているといえる。

　以下，これまでに日本国内等で発生したテロ事件について紹介する。

4　日本国内等で発生したテロ事件

(1)　カナダ太平洋航空機積載貨物爆破事件

　1985年6月23日午後3時20分頃，新東京国際空港（現成田国際空港）南ウイングの手荷物仕分け場において，カナダ・トロント発バンクーバー経由で到着したカナダ太平洋航空（現カナディアン航空）003便の旅客荷物の仕分け作業中，手荷物が爆発し，日本人作業員2人が死亡，4人が負傷する事件が発生した。爆発した荷物は，同日午後5時5分成田発インド・ボンベイ行きのインド航空機301便に積み込まれる予定であった。

　また，同日午後5時頃，カナダ・モントリオール発ロンドン行きのインド航空機182便が，アイルランド南西海上で爆発，墜落し，乗客乗員329人全員が死亡する事件が発生している。

　事件発生当時，インド国内ではシーク教徒急進派がパンジャブ州にカリスタン（シーク教徒の独立国家）の樹立を目指して政府と対立しており，ヒンズー教徒政治家の暗殺等を行っていた。1983年12月には，同急進派がシーク教の総本山である「ゴールデン・テンプル（黄金寺院）」に立てこもり，これを要塞化したことから，翌年6月，当時のインディラ・ガンディー政権は軍を動員し，「ゴールデン・テンプル」を武力制圧した（ブルースター作戦）。しかし，同年10月，首相公邸内において，インディラ・ガンディー首相がシーク教徒の護衛官に暗殺される事件が発生した。インド航空機を狙った一連の爆弾テロ事件も，インド政府に反発したシーク教徒過激派による報復と見

られている。

 1988年1月，カナダ当局は本件殺人等の容疑でシーク教徒過激派を逮捕，1991年に有罪となった。カナダ当局は，2000年10月にもインド系カナダ人2人を両事件の被疑者として逮捕したが，2005年3月，ブリティッシュ・コロンビア高裁において無罪が言い渡されている。

 その後，シーク教徒過激派の活動は低下したが，2005年5月，シーク教徒テロ組織の一つである「ババル・カルサ・インターナショナル」がインド・ニューデリーにおいて，2つの映画館をほぼ同時に爆破するテロ事件を敢行，死者1人，負傷者60人以上を出した。

(2) 千代田区内同時爆弾事件

ア サウジアラビア航空事務所前爆弾事件（第一事件）

 1988年3月21日午後7時18分頃，東京都千代田区有楽町1-4-1のビル前歩道上において，駐車中の原付バイクに仕掛けられた時限式爆発物が爆発し，同ビル1階に所在するサウジアラビア航空事務所の看板，窓ガラス等が破損した。

時限式爆弾で駐車中のバイクと乗用車が爆発炎上し，ガラスが割れたサウジアラビア航空事務所

100　第1章　イスラム過激派の動向と我が国へのテロの脅威

イ　在日イスラエル大使館前爆弾事件（第二事件）

同日午後 7 時36分頃，東京都千代田区二番町 3 - 9 の在日イスラエル大使館近くの駐車場において，時限式爆発物が爆発し，同駐車場内の車両等が破壊された。

ウ　爆　発　物

爆弾容器や爆発物の残物が一切発見されず採取できなかったことから，塩素酸塩系爆薬及び黒色火薬類の使用は否定され，プラスチック爆弾様の高性能爆薬が使用されたものと推定されている。

エ　背　　　景

1987年，メッカを巡礼していたイラン人巡礼団が政治的活動を行ったことでサウジアラビアの治安部隊と衝突し，イラン人側に多数の死傷者が出て以来，イランの指導者は繰り返し，サウジアラビアに報復すると述べていた。

なお，1988年 3 月 7 日，マレーシア・クアラルンプールに所在するサウジアラビア航空事務所で時限式爆弾事件が発生し，同月14日には，シンガポールに所在するサウジアラビア航空事務所で時限式発火物火災事件が発生した。さらに，同月23日には，インド・ボンベイのサウジアラビア総領事館の待合室で手榴弾（外国製・不発弾）が発見された。また，4 月10日には，パキスタン・カラチに所在するサウジアラビア航空事務所で爆弾が爆発し，同月18日，旧西ドイツ・フランクフルト所在のサウジアラビア航空事務所でも爆破事件が発生した（ほぼ同刻に，同市内ユダヤ教教区センター爆弾事件発生）。

(3)　『悪魔の詩』邦訳者殺害事件

1991年 7 月12日，茨城県つくば市の筑波大学構内において，インド系英国人サルマン・ラシュディ氏が著した『悪魔の詩』の邦訳者である筑波大学助教授五十嵐一氏が殺害された。

ラシュディ氏が1988年に発表したこの小説がイスラム教徒とムハンマドを冒瀆しているとして，イランの最高指導者・故ホメイニ師が，1990年 2 月にラシュディ氏に対し死刑を宣告する宗教命令（ファトワ）を出していた。

この問題は，イランと英国との国交断絶問題に発展し，イスラム過激派に

よると見られる英国大使館等を狙ったテロ事件が英国内のほかパキスタン，ベルギー，米国，イタリア等で続発した。

　五十嵐助教授には他に殺害される理由が見当たらないことから，『悪魔の詩』との関わりによって，国際テロリストに殺害された可能性があるとの見方もあるが，2006年7月11日に公訴時効を迎えた。

(4) フィリピン航空機機内爆発事件

　1994年12月11日午前11時45分頃，マニラ発セブ経由成田行き，フィリピン航空434便の機内座席下に設置された爆発物が沖縄南方公海上で爆発し，日本人男性乗客1人が死亡，10人が負傷した。同機は同日午後0時45分，那覇空港に緊急着陸した。

　本件の中心人物，ラムジ・アハメド・ユセフは，「ボジンカ計画の予行演習であった」と供述した。ボジンカ計画とは，日本などアジアから米本土に向かう米航空機12機を同時に爆破するテロ計画で，5人のグループが分散して爆発物を仕掛け，経由地の空港で離脱する計画であった。ラムジ・アハメド・ユセフは，1993年2月26日発生の「ニューヨーク世界貿易センタービル爆破事件」の主犯格であり，また，「ボジンカ計画」の首謀者であるハリド・

パキスタン南部の都市カラチで，小説『悪魔の詩』の著者サルマン・ラシュディ氏へのナイト爵位授与に抗議し，英国国旗を燃やすイスラム教徒ら（2007.6.20，カラチ・パキスタン，AFP＝時事）

シェイク・モハメド（アル・カーイダの幹部）は，同人の叔父に当たる。

5 テロ対策の取組

「9.11」以降，国際テロに対する意識は高まり，日本でも官民一体となってテロ防止に向けた様々な施策に取り組んでいる。

イベント会場や駅など，不特定多数の者が集まるソフトターゲットでは，制服姿の警察官による巡回やパトカーの活用による「見せる警戒」を展開している。

また，JRなど民間事業者による自主警備，防犯カメラ設置等の取組も進んでいる。

爆弾テロに使用される爆発物の原料となり得る化学物質は，薬局，ホームセンター等やインターネットを利用した購入が可能な状況にあり，過去に日本でも，市販の化学物質から爆発物を製造する事案が発生しているところ，関係団体等による化学物質11品目の適正な管理の促進，販売時における本人確認の徹底，盗難防止等の保管・管理の強化，不審な購入者に関する情報の通報の促進といった対策が講じられている。

また，テロリストとして国際手配されていたリオネル・デュモンが日本に不法に入出国を繰り返し，潜伏していた事実も判明しており，海外から侵入するテロリストの脅威も決して日本と無関係ではない。

国際海空港においては，テロリスト等の入国を阻止するため，事前旅客情報システム（APIS）や外国人個人識別情報認証システム（BICS）が運用されるなど出入国審査を強化するとともに，海上監視等の強化，通関検査体制等の強化などの水際対策が講じられている。

そのほか，旅館業法施行規則により，日本国内に住所を有しない外国人宿泊者には，国籍及び旅券番号の宿泊者名簿への記載が義務付けられているほか，レンタカー業界においても，レンタカーを借り受けようとする者の本人確認の徹底，不審者については警察への速やかな連絡の実施，レンタカー返却後の車内不審物チェックの徹底，車両盗難時の警察への連絡等といった対策が講じられている。

我が国における国際テロの脅威　103

6　おわりに

　我が国では，2019年にラグビーワールドカップ大会が，2020年には東京オリンピック・パラリンピック競技大会が開催される。オリンピック・パラリンピック競技大会は，スポーツイベントの中でも特に国際的な注目を集める大イベントであり，過去にも何度かテロの標的とされてきた。2020年東京オリンピック・パラリンピック競技大会を取り巻く危機が数多く予想される中で，最もその対策に困難が予想されるのがテロ対策であろう。多数の観客や選手団，要人を迎えての大会開催は，ソフトターゲットを含め，あらゆる場面でのテロの発生が危惧される。

　我が国においてテロという卑劣な犯行を起こさせないために，ラグビーワールドカップ大会，2020年東京オリンピック・パラリンピック競技大会開催までの残された期間，様々なテロの脅威を想定した対策を検討し，テロの未然防止のために万全の策を講じていかなければならない。

第2章

日本赤軍及び
「よど号」グループ

日 本 赤 軍

～活動44年，今何を思う～

掉尾　泰斗

1　はじめに

「過渡期世界論」「前段階武装蜂起から革命戦争へ」

　この言葉を聞き，現在の若者の多くは首を傾げるだろう。一方，1970年代を学生として過ごした世代にとっては思い出されることも多いのではないだろうか。「反日」「反権力」「帝国主義粉砕」を声高に叫ぶことが一種のファッションともなっていたといわれている「その時代」。ある者は現実社会の中に矛盾を感じ，また，ある者は日本の将来を案じ，それ故に，多くの若者が主張し，行動していた。

　数人の若者たちが，共産同赤軍派の打ち出した「国際根拠地建設構想」にしたがって中東の地を踏んだのも，ちょうどそんな時代だった。

　テレビで生中継される「あさま山荘事件」を固唾を飲んで見守り，その後に明らかとなった「リンチ殺人事件」に驚愕したことが，まるで昨日のことのように思い出されるかもしれない。そんな中，時をほぼ同じくして，「さらば連合赤軍の同志諸君！」の書き出しで始まる一通のメッセージが，中東に渡った若者たちから日本に送りつけられている。重信房子の名前で出された「赤軍派の同志諸君ならびに連合赤軍の同志諸君そして友人たちへ」と題するメッセージだ。共産同赤軍派のアラブ支部に過ぎなかった集団が，この

メッセージをもって「アラブ赤軍」として独立，後に「日本赤軍」に改称して活動を始めてから，既に40余年が経過した。この時間の経過は世界を様変わりさせた。

　かつて，第一級テロ組織を彷彿とさせる過激なテロを繰り返し，今も密かに活動を続けているとみられる日本赤軍。しかし，逃亡中の7人のメンバーを抱えながら，日本赤軍は，2001年に電撃的に解散を宣言している。当時，メンバーや関係者らは，あまりにも唐突な発表に唖然としたという。本稿では，その欺瞞に満ちた解散宣言の内実を炙り出すとともに，40余年という活動の中で，日本赤軍が何をし，何から目を逸らせ続けているのかを検証してみたい。

2　パレスチナに活路を求め

　日本赤軍とは一体，どのような組織なのか。まずは，1971年2月，後に活動拠点となるレバノン・ベイルートに彼らが初めて降り立ってから，2000年11月，最高指導者である重信房子が大阪で逮捕されるまでの活動の軌跡を，当時の国際情勢と合わせ，駆け足で回顧してみたい。

　1970年9月，ニューヨーク行きの4機，ロンドン行きの1機の合計5機の航空機がPFLP（パレスチナ解放人民戦線）に相次いでハイジャックされるというニュースが世界を震撼させた。同じ頃，革命闘争における敵を「世界帝国主義」と規定した共産主義者同盟の中で，最も過激な軍事路線を主張していた「共産同赤軍派」の国際部は焦っていた。世界同時革命のための革命戦線の組織化を図ろうと，1970年3月，日航機（通称「よど号」）をハイジャックし，北朝鮮に第一陣を送り込むも，ハイジャックを敢行した同志からの音信は途絶えたまま。そんな中，ハイジャックされ，ヨルダン国内の砂漠地帯に作られた「革命空港」に下ろされた航空機が，PFLPの手で次々と爆破される光景は，赤軍派国際部をして，「パレスチナこそ世界革命の最前線」と思わせるに十分な衝撃であったことだろう。

　1971年2月，赤軍派の「国際根拠地建設構想」に基づき，奥平剛士と重信房子が相次いでレバノン・ベイルートの地を踏む。PFLPとの共闘関係を構

日本赤軍　107

築したアラブ赤軍は，1972年5月，イスラエルのテルアビブ・ロッド空港で乱射事件を引き起こす。死傷者は約100人を数えた。この事件により，一躍，第一級テロ組織として国際的に認知され，当時のアラブ世界から歓喜の声を浴びたアラブ赤軍は，1974年に，組織名から「アラブ」を取り除き，「日本赤軍」に改称する。しかし，彼らのその後の活動は，組織の大きさや兵站面での非力さにより，制限されたものとなる。1975年のクアラルンプール事件，1977年のダッカ事件で，メンバーを含む計11人が日本赤軍に合流したが，パレスチナの中では弱小勢力であることに変わりはなかった。1977年以降，日本赤軍は，「5.30声明（注：日本赤軍が1972年に敢行したテルアビブ・ロッド空港乱射事件を記念して，ほぼ毎年5月30日前後に発出する声明）」などを通じて，日本の仲間に対して戦列に加わることを求めるようになるが，これらは，日本赤軍が自らを非力で弱小であることを認めていた証左ともいえる。一方，二度にわたるメンバーの奪還を目的としたテロ事件で，赤軍派以外の者をメンバーに加えたことで，日本赤軍は寄り合い所帯となる。この頃，一枚岩の結束に綻びを生じ始めていたのかもしれない。

ロッド空港銃乱射事件の現場（時事）

そして，時を同じくするように，日本赤軍が共闘関係を築いていたパレスチナ解放勢力も，その結束を大きく揺るがす事態に直面する。1975年に始まったレバノン内戦と，1978年9月に取り交わされたエジプト・イスラエルの和平合意である。パレスチナ各派の間に対立と疑心が生まれたことは想像に難くない。自らの非力さに加え，活動の拠り所としていたパレスチナ解放勢力の混乱。1977年9月のダッカ事件以降，1986年5月のジャカルタ事件までの9年弱，日本赤軍によるテロ活動は把握されていないが，こうした事情も影響していたとみられている。

　ジャカルタ事件以降，日本赤軍は，1987年のローマ事件で在イタリアの米英大使館，1988年のナポリ事件で米軍クラブを攻撃するなど，そのテロ活動の標的を米国権益に定めている。この時期は，友好的な国家やパレスチナ解放勢力以外の革命組織との連携を進めつつも，日本革命を担う組織の構築を目指した時期でもあった。そして，1989年から1991年にかけての東欧社会主義の解体とソ連邦の崩壊，1993年に結実したオスロ合意は，日本赤軍の活動の後ろ盾となっていたシリアの立場にも微妙に影響を与え，1993年，日本赤軍はベカー高原に有していた軍事キャンプの閉鎖に追い込まれている。

　ただし，その後も，日本赤軍メンバーの多くはレバノン・ベイルート市内にアジトを設け，潜伏し続けていた。なぜか。それは，レバノンが彼らにとって安住の地であり続けたからだ。中東情勢が劇的に変化する中，彼らは，テルアビブ・ロッド空港乱射事件で築き上げられた，パレスチナ解放勢力との堅い結束を疑うことはなかったのだろう。1995年3月にメンバーがルーマニアで拘束されて以降，1996年5月にはペルーで，同年9月にはネパールでメンバーが相次いで拘束されても，主要メンバーはレバノンにとどまり続けた。しかし，1997年2月，安住の地は一転する。ベイルート市内で分散潜伏していたメンバー5人がレバノン当局により電撃的に拘束されたのだ。そして，失地回復もままならぬ中，2000年11月，最高指導者の重信房子が大阪で発見，逮捕された。

　日本赤軍にとって，レバノンにおける一斉拘束は「寝耳に水」，正に衝撃的な出来事であったに違いない。一連のメンバーの拘束劇が，日本赤軍の持つテロ遂行能力に大きな打撃を与えたことは間違いないだろう。事実，1988

年のナポリ事件以降，四半世紀以上にわたり，日本赤軍によるテロは確認されていない。さて，日本赤軍の危険性を判断する上で，この点をどのように解釈するかは極めて重要な問題である。彼らは，暴力による革命達成の思想を完全に放棄したのか。それとも，条件や時期が整えば，「武装闘争こそ最良のプロパガンダ」の旗印の下，再び，テロ活動を再開させるのか。このことを次項で検証してみたい。

3　虚しく空々しい解散宣言

2000年11月に逮捕された最高指導者の重信房子は，2001年4月，弁護士を通じて突如，日本赤軍の解散を宣言する声明を発表し，翌5月，日本赤軍も「5.30声明」で組織としてこれを追認している。しかし，その直後，既に刑に服していたメンバーや当時公判中だったメンバー，また，国内の多くの関係者から異論，反論が噴出したことは，解散が組織的な決定ではなかったのではないかとの疑念を生じさせている。そして，その批判や異論は，やがて，日本赤軍の「組織としての総括」を求める声に変質していく。ある者は，重信の逮捕，日本赤軍の解散宣言を受けて，「今回の事態についてメンバー全てが日本の人々に対して総括と見解を明らかにする『政治的責任』を負っているはず」と批判している。また，ある者は，解散宣言の発表当時はもちろん，その後も，統一的・組織的な総括作業を進めることができていないことを認めている。あの時の解散宣言とは一体何だったのだろうか。これら，批判や指摘に対する日本赤軍の回答は，まだない。

一方，日本赤軍名で最後に発出された2001年の「5.30声明」では，「公然とした活動に転換する」としているが，あたかも，これまでに語られることのなかった地下活動，すなわち，これまでに関与した事件の全貌や，共闘してきた組織や個人，逃亡中のメンバーの居場所や現在の関係などを全面的に明らかにするかのような印象を与えている。しかし，これについても，重信房子は，自らが発出した解散宣言の直後になされた公判意見陳述の中で，「公開できることは公開しながら裁判に臨むが，公開できないと判断する基準は，今も生き，闘っている同志・友人や，解放運動組織，政府などに迷惑

110　第2章　日本赤軍及び「よど号」グループ

をかけないことを念じるが故」と早速反故にしている。

　また，「公然とした活動への転換」については，メンバーや関係者から厳しい意見が相次いで寄せられる。その中には，公然とした活動への転換は，主観的願望の中における議論にならざるを得ないとする批判や，「国外の非公然主体」，すなわち逃亡中のメンバーがいる限り，総括で明らかにしきれない，清算しきれない灰色の部分が残存し続けるといった批判も含まれている。これらは批判のほんの一部に過ぎないが，こうした批判に対しても，日本赤軍は今も何も答えていない。

　御承知のとおり，日本赤軍はこれまで，航空機ハイジャックや公館占拠，爆弾テロなどで，多数の無実の市民を巻き添えにする暴力行為を繰り返してきた。己の目的達成のため，武力・暴力を用いることを是としてきたのだ。そうした「武装闘争路線」，すなわち，革命勢力として軍事部門を持ち続けるか否かに関して，2001年5月の日本赤軍名で発出された最後の「5.30声明」は何も触れず，声明は，「これまでと異なる形態での日本の世直し」という曖昧な表現にとどめている。また，2001年12月，日本赤軍が後継組織として立ち上げた「ムーブメント連帯」の結成宣言をみても，軍事力によらない変革を「目指す」と言っているに過ぎず，以降，軍事部門やその作戦を放棄することを明確にした総括は出されていない。1998年12月，メンバーの一人は，国内機関紙の中で，「人民の軍事力量の形成は三大任務の一つで，その中には日本赤軍の軍事展開能力拡充もある。……条件と状況によって政治戦や軍事戦の内容や方法が変わる」と述べ，条件や状況によって使い分ける旨主張していた。時を超え，この主張は，重信が解散宣言で述べている「日本において，日本人民は武装闘争を望んでいませんし，そういう条件も，状況もないことを知っている」に通じるものがあるところが興味深い。さらに，重信が，組織の解散や武装闘争の停止などを，あえて公判廷で述べることで，公判に有利な状況を作り出そうとしたのではないかとの批判があったことも付け加えなければなるまい。虚しく空々しい言葉のトリックがこれだけ続くと，さすがに辟易する。

　まず，日本赤軍は，これら批判や異論に対して真摯に回答する義務をいまだに負っていることを肝に銘じるべきである。そして，忘れてはならない。

同じ組織の中にあって，テロ活動に従事した7人の逃亡中のメンバーがいる限り，公明正大で合法的な活動への転換など無理だということを。

　ここで，7人の逃亡メンバーについて簡記する。

(1)　坂東國男（昭22.1.10生）

　　赤軍派強盗事件（1971年），連合赤軍事件（1971〜1972年），あさま山荘事件（1972年）により，強盗，殺人，死体遺棄等で逮捕，起訴勾留中にクアラルンプール事件（1975年）で人質と交換で釈放。釈放後，ダッカ事件（1977年）を起こす。

(2)　佐々木規夫（昭23.8.27生）

　　連続企業爆破事件等（1974〜1975年）により，殺人，殺人未遂，爆発物取締法違反で逮捕，起訴勾留中にクアラルンプール事件（1975年）で人質と交換で釈放。釈放後，ダッカ事件（1977年）を起こす。

(3)　松田久（昭23.8.30生）

　　赤軍派強盗事件（1971年）で服役中，クアラルンプール事件（1975年）で人質と交換で釈放。釈放後，偽造有印私文書行使事件（1988年）を起こす。

(4)　奥平純三（昭24.2.9生）

　　ハーグ事件（1974年），クアラルンプール事件（1975年）等により，逮捕監禁，殺人未遂等で逮捕，起訴勾留中，ダッカ事件（1977年）で人質と交換に釈放。釈放後，ローマ事件（1987年），ナポリ事件（1988年）を起こす。

(5)　大道寺あや子（昭23.10.20生）

　　連続企業爆破事件等（1974〜1975年）により，殺人，殺人未遂，爆発物取締法違反で逮捕，起訴勾留中にダッカ事件（1977年）で人質と交換に釈放。釈放後，偽造有印私文書行使事件（1989年）を起こす。

(6)　仁平映（昭21.3.1生）

　　殺人事件（1976年）で逮捕，起訴勾留中にダッカ事件（1977年）で人質と交換に釈放。

(7)　岡本公三（昭22.12.7生）

　　テルアビブ・ロッド空港事件（1972年）を起こす。

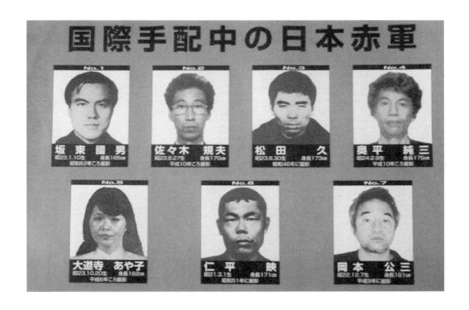

4　混迷する中東情勢に今，何を思う

　2012年5月。旅行客ら約100人の死傷者を出したテルアビブ・ロッド空港乱射事件から40年が経過した。事件で亡くなった方の遺族は，メディアのインタビューに対して，「肉親を失った傷は今も癒えない。背後にいたテロ組織が憎い」と語っている。対照的に，これほど多くの死傷者を出した事件を引き起こした当事者であるにもかかわらず，日本赤軍は，毎年5月に声明を発し，実行犯の武勇を称え続けている。このギャップを一体どのように説明すればよいのか。

　一方，重信も，毎年5月が近付くと，同事件の記念日に寄せたメッセージを書いており，2012年も例年どおり，「5.30リッダ闘争（注：テルアビブ・ロッド空港乱射事件のことを彼ら自身はこう呼ぶ）40年目に」と題するメッセージを出している。このメッセージに，被害者や遺族への謝罪の言葉は含まれていない。メッセージは，PLO（パレスチナ解放機構）アラファト指導部がイスラエルと秘密交渉によって「オスロ合意」に至り，この合意からパ

レスチナは分裂と混迷の道に入って行ったとPLOを批判する一方，闘いの先頭に立っているのは，パレスチナ解放勢力の統一を訴えるPFLPだとし，テルアビブ・ロッド空港乱射事件を共に闘った同組織へ賛辞を送っている。

その中東情勢を回顧すれば，PLOとイスラエルが，暫定自治協定，いわゆる「オスロ合意」に調印してから既に20余年が経過した。2013年7月，米国政府の仲介により3年ぶりにパレスチナ和平交渉が再開されたが，9か月という期限内の最終合意達成には悲観的な見方もある。双方に和平に反対する勢力が存在すること，1993年の暫定自治協定そのものに欠陥があることなどが，和平交渉が行き詰まりを見せていることの原因であるとの指摘がある。また，継続するヨルダン川西岸地区へのユダヤ人の入植活動，パレスチナ暫定自治政府とハマスによる双頭統治は，二国平和共存は不可能という見方を後押ししている。

一方，かつてベカー高原をはじめとするレバノン国内で，日本赤軍やヒズボラ，パレスチナ過激派勢力に活動拠点を与えて影響下に置くことで，イスラエルに対峙していたとみられるシリアでは，2011年1月の反政府運動を発端に，シリア政府軍と反体制派の武力衝突が現在も続いている。ヒズボラがシリア政府軍を支援する目的で参戦しているほか，アル・カーイダと協力関係にあるイスラム過激派も戦闘に加わり，三つ巴，四つ巴の様相を呈し，出口の見えない状況が続いている。もはや死者数は計測不可，戦闘による難民は200万人を超えているという報道もある。そして，その戦禍は，かつて日本赤軍が活動拠点としていたレバノンをも巻き込みつつある。

平和を希求する思いは誰にでもある。今の若者は，国際情勢，特に，人々の安寧を乱す戦禍をどうすれば根絶できるのかといったことにもっと関心を持つべきであり，それは，筆者の願いでもある。一方，日本赤軍は，「リッダ闘争の地平」という言葉を用いて，その今日的な意味合いを説こうとしている。しかし，約100人の死傷者を出した未曾有のテロ事件の向こう側に，何を見てほしいと説いているのか，筆者には理解できない。

中東情勢は，ますます，混迷を深めている。いま，日本赤軍メンバーの目に映るものは何か。見たいもの，記憶にとどめておきたいものだけを選り好みしているということはないだろうか。

声を大にしていいたい。目を背けてはいけない。自らの総括もせず，「自分たちの世代でやれることはやったから，あとは，次の世代の人の責任だ」といった姿勢は，次に続く者にとっては迷惑千万であり，それは，どこの世界でも同じことだ。これまでに引き起こした全ての事件の被害者や遺族に対して心から謝罪すること，その全ての事件に関して全ての真実を明らかにすること，そして，それらは，逃亡中のメンバーらが自らの過去の行為を悔い改め，そして，彼らの身柄が司直の手に委ねられる以外になし得ないことだが，日本赤軍は，これら逃亡中のメンバーに投降を促すこともなく，支援を継続しているとみられている。

　他人に手を差し伸べる前に，まずは，自らの汚れた手を清める必要があるだろう。片方の手に銃を持ちつつ，笑顔でもう片方の手を差し伸べたとしても，誰もその手を強く握り返してはくれないのだから。

5　お わ り に

　日本赤軍逃亡被疑者として，警察が全力でその行方を追っている者は，本稿でも述べたとおり，レバノンに政治亡命している岡本公三も含めると7人。その中に，佐々木規夫と大道寺あや子という名前がある。彼らは，日本赤軍による二度の奪還闘争で釈放された者であるが，元々は，日本帝国主義粉砕を掲げた「東アジア反日武装戦線」という武装組織のメンバーであった。2013年，いかなる犠牲も顧みず，彼らの逮捕に全身全霊を傾けた捜査員らの奮闘ぶりを記した書籍が発刊されている。当時，捜査に携わった捜査員は，ある者はテレビで，ある者は現場で，彼らが超法規的措置により釈放されたというニュースに触れたことだろう。ただし，2度にわたる超法規的措置で釈放されたのは，佐々木や大道寺だけではない。坂東國男，奥平純三，松田久，仁平映。これらの捜査に従事した捜査員もまた膨大な数に上る。当時，彼らの頬を，流しても流しきれぬ血涙がつたったことは想像に難くない。

　この世のあらゆる社会事象については，起結，つまり始まりと終わりをはっきりとさせることが必要である。そうすることで，次の世代が事実を整

理・検証し，その検証結果を記録に残すことができるというものである。

　重信房子は，2009年に『日本赤軍私史・パレスチナと共に』，2012年に『革命の季節・パレスチナの戦場から』と題し，自らの活動を総括する書籍を相次いで発刊している。日本赤軍のメンバーらが，過去の活動を「総括」する書籍の発刊が後を絶たない。彼らは，それをもって自らが担った40余年の活動を締め括ろうと考えているのかもしれないが，これら全てが，本当の意味での「総括」にはなり得ないことは，本稿をお読みになった読者には理解して頂けるだろう。一方，警察は，彼らの活動を「歴史」にすべく，そして，遺族や被害者，当時の捜査員の無念を晴らすべく，確実にその捜査網を狭めているに違いない。

大人になれない
「よど号」犯人グループ

藤島　一典

1　はじめに

「やはり日本を応援してしまうな。」

　これは，1970年3月に日航機「よど号」をハイジャックして北朝鮮に渡った犯人の一人である若林盛亮が，2011年11月，北朝鮮において開催されたサッカーW杯アジア三次予選「日本対北朝鮮」戦を観戦した際に，日本の報道関係者にコメントした言葉であり，翌日には新聞各紙がこれを報じている。

　若林は，国際手配されている犯罪者である。犯罪者がその罪を償うことなく，サッカー観戦に興じた上，恥ずかしげもなく公衆の面前に出てきて，冒頭のようなコメントをすること自体，良識ある「大人」の行動とはいえない。自らの存在を顕示して，「忘れないで」，「構ってほしい」との子供じみた発想であろう。

　日航機「よど号」のハイジャック犯ら（以下「よど号」犯人という。）は，事件発生から45年以上が経過した今も，彼らが主張する「全員帰国」を実現していない。彼らは，北朝鮮に渡った後に主体思想に転向し，金日成からの「代を継いで革命を行え。」との教示に従い，同地で結婚して子供をもうけたとされる。さらに，「よど号」犯人及びその妻（以下「「よど号」犯人グループ」という。）が，朝鮮労働党の指導の下，ヨーロッパにおいて日本人拉致

事件に関与したことも明らかになっている。

　国際手配されている「よど号」犯人グループは，北朝鮮において特権を享受し，裕福な生活を送っているとみられている。彼らは，しきりに日本への望郷の念を募らせる発言をしているが，拉致事件の真相を語ることはなく，帰国する気配も見受けられない。

　現在，「よど号」犯人の5人（小西隆裕，若林盛亮，赤木志郎，魚本（安部）公博及び岡本武）とその妻3人（森順子，若林（黒田）佐喜子及び岡本武の妻）の8人が北朝鮮にとどまっているとみられている（岡本武及びその妻については，死亡情報があるが，真偽は不明である）。本稿では，「よど号」犯人が北朝鮮に渡った経緯を含め，「よど号」犯人グループの常軌を逸した行動や自己中心的な主張の変遷について，筆者の私見を交えながらひもといてみたい。

2　「よど号」ハイジャック事件

　「よど号」犯人が引き起こしたハイジャック事件とは，次のようなものであった。

　1970年3月31日，田宮高麿ら共産主義者同盟赤軍派（通称「赤軍派」）の9人が，日本刀等を振りかざして，東京発福岡行き日本航空351便（通称「よど号」）の乗員・乗客129人を脅迫，制圧の上，同機を強取した。日本初のハイジャック事件の発生である。

　ハイジャックされた「よど号」は，福岡空港，韓国の金浦空港を経由して，4月3日，北朝鮮の美林空港に着陸し，犯人らは北朝鮮当局に投降した。

　「よど号」犯人のリーダー田宮高麿（1995年11月，北朝鮮で病死）は，ハイジャックを前にして，「我々は『明日のジョー』である。」と自らを当時の漫画の主人公になぞらえて出発宣言したという。不屈の革命家を気取りハイジャックに成功した自らの姿を想像し，それをヒーローに投影させたのだろうが，良識から乖離した彼らの幼稚さを感じさせる行動である。

　実は，このハイジャック事件は，一度失敗したといわれている。「よど号」

118　第2章　日本赤軍及び「よど号」グループ

犯人の中に，飛行機の乗り方が分からず，予定した飛行機に乗れなかった者がいたというのだ。犯行前にヒーロー面(づら)する彼ららしい稚拙なエピソードであるが，再び集結して犯行に及んだことからも，彼らのハイジャックへの強い決意がうかがえる。そこまで彼らをハイジャックに駆り立てた理由は何だったのか。
　1969年9月，共産主義者同盟の「関西グループ」を中心とするメンバーは，現代社会を資本主義から共産主義へ移行する過渡期であると位置付け，「前段階武装蜂起」を主張し，共産主義者同盟の分派たる「赤軍派」を立ち上げた。
　赤軍派の旗揚げ後の闘争は，いずれも失敗に終わり，同年11月には，首相官邸襲撃に向け，赤軍派中央軍の53人が山梨県の大菩薩峠で軍事訓練中に一

日本刀を持って警戒する犯人（毎日新聞社）

大人になれない「よど号」犯人グループ　119

斉検挙され，壊滅的な打撃を受けた（「大菩薩峠事件」）。

　赤軍派議長は，相次ぐ闘争の失敗から，世界同時革命遂行のためには一国内での闘争では限界があると考え，「国外に活動拠点を求める。世界共産主義革命を実現するには，労働者国家を世界革命の根拠地国家に転化して政治的・軍事的基地とし，そこから兵器，軍隊等を各国に派遣し，武装蜂起の世界性と永続性を図るべきである。」とする「国際根拠地論」を提唱した。

　「よど号」ハイジャック事件は，この「国際根拠地論」に基づく最初の実践行動であり，「よど号」犯人9人は，北朝鮮に渡り，同地を拠点として軍事訓練を受け，その年の秋には，赤軍派の革命家として日本に再上陸し，武装蜂起する強い意志を持っていたのである。

3　北朝鮮支配下の「よど号」犯人グループ

　「よど号」犯人9人は，何でも自分の思いどおりになると勘違いして，「金日成をオルグする。」と意気込み，ハイジャックしてまで北朝鮮に渡った。

平壌にて報道機関のインタビューに答える魚本公博，小西隆裕，赤木志郎，若林盛亮（左から）
(2004年9月，共同)

120　第2章　日本赤軍及び「よど号」グループ

金日成は、「よど号」犯人を「金の卵」として北朝鮮に迎え入れ、朝鮮労働党が同人らを教育したといわれている。

1972年5月、「よど号」犯人8人（当時少年であったSは欠席）が、事件後、平壌で初めて日本の報道関係者の前に姿を現した時、彼らは、既に「金日成主義（主体思想主義）者」に変貌していた。

「よど号」犯人は、取材に対し、異口同音に金日成や主体思想を賛美するとともに、赤軍派及び同派が提唱した「世界過渡期論」、「国際根拠地論」路線との決別を宣言したのである。

彼らは、ハイジャックしたことについては、「当時は未熟であって、あれしか方法がなかった。」と言い放つなど、反省の色は全く見られなかった。

「よど号」犯人は、その後、金日成からの「代を継いで革命を行え。」との教示に基づき、朝鮮労働党の協力の下、いわゆる「結婚作戦」を忠実に実行し、北朝鮮で日本人女性と結婚したといわれている。

1988年5月、ヨーロッパにおいて北朝鮮工作員と接触し、この工作員の指示を受けていた女性Yが、神奈川県内で逮捕された。同年、外務省は、北朝鮮工作員と接触していたY及び日本人女性5人に対して、「著しく且つ直接に日本国の利益又は公安を害する行為を行う虞がある」として、旅券返納命令を発した。

後に、これら日本人女性6人全員が「よど号」犯人の妻であることが判明した。

1988年に逮捕された「よど号」犯人の元妻Yは、2002年3月に行われた他の「よど号」犯人の妻の旅券法違反被告事件の公判で検察側の証人として出廷し、「よど号」犯人グループによる日本人拉致事件について、金日成から「革命のためには、日本で指導的な役割を果たす党を建設せよ。党の創建には、革命の中核となる日本人を発掘、獲得、育成しなければならない。」との教示を受けた田宮高麿から日本人拉致を指示されたなどと赤裸々に証言し、彼らが朝鮮労働党指導の下で行った日本人拉致事件の真相が明らかになった。

4 「よど号」犯人グループによる拉致容疑

(1) 拉致容疑の発覚

1988年，ヨーロッパで失踪したとされていた北海道出身の石岡亨さんから日本の家族に宛てた手紙が届いた。手紙では，ごく簡単に石岡さんが松木薫さん及び有本恵子さんとともに北朝鮮に滞在していることを伝える内容であったという。この3人は，いずれも昭和50年代にヨーロッパで失踪したと思われていた人たちで，この手紙により，初めて北朝鮮に滞在していることが判明した。

その後，スペインのバルセロナにおいて，石岡さんと森順子，若林佐喜子

若林佐喜子，森順子両容疑者と石岡亨さん（スペイン・バルセロナの動物園で）（時事）

の3人がベンチに座った姿を撮影した写真が公開されるなど,「よど号」犯人グループと被害者の接点を裏付ける事実が次々と明らかにされた。

さらに,2002年3月には,Yが,自分を含めた「よど号」犯人グループがヨーロッパにおいて日本人拉致に関与したことを証言したことで,それまで疑惑として語られていた彼らの拉致への関与が事実であることが判明したのである。

追い打ちをかけるように,同年9月17日,北朝鮮で開催された第1回日朝首脳会談で,北朝鮮は,これまで否定していた日本人拉致を認め,有本さん,松木さん及び石岡さんが北朝鮮に拉致されていたことが明らかとなった。

警察は,同月,魚本公博に対し,有本さんを被害者とする結婚目的誘拐の容疑で,2007年6月には,森順子及び若林佐喜子に対する石岡さん,松木さんを被害者とする結婚目的誘拐の容疑でそれぞれ逮捕状を取得して国際手配をしている。

⑵ 「よど号」犯人グループの拉致容疑に対する主張

「よど号」犯人グループは,2002年9月,魚本公博に対する結婚目的誘拐容疑の逮捕状が発付されると,「私たちへの逮捕状を撤回せよ」と題した声明を発表した。

その声明の中で,「よど号」犯人グループは,警察の措置について,「私たちを『北朝鮮のテロ工作員』だとすることによって共和国を『テロ支援国家』に仕立て上げ,『反テロ戦争』に日本を引き込む米国の策動の根拠をなくすために全員帰国を表明した私たちに,『帰国するな』と言う宣告であり,『よど号問題』の最終的解決の道も永遠に閉ざしてしまう行為。」と批判し,拉致容疑逮捕状及び北朝鮮に対する「よど号」犯人グループの引き渡し要求を撤回することを要求した。

さらに,2007年6月,森順子及び若林佐喜子に対する結婚目的誘拐容疑の逮捕状が発付され,国際手配されると,「逮捕状発付は安倍政権の政治利用」などと主張して,またもや逮捕状の撤回を要求している。

このように,「よど号」犯人グループは,自らにかけられた拉致容疑について,その説明責任を果たすことなく,外交問題や政治問題にその責任を転嫁させることにより,自分たちの関与を否定している。

大人になれない「よど号」犯人グループ　123

5　帰国に向けた主張の変遷

　「よど号」犯人は主体思想に転向したが，赤軍派として北朝鮮に渡ったときから持っていた「帰国」の目標は変わらなかった。彼らは，革命家として日本へ帰国することを夢想し，法秩序を無視しておきながら，その犯罪の責任を政府や時代に転嫁することで「権力には屈しない。」との虚勢を張り続けている。しかし，彼らの子供じみた言い訳は，すぐにその矛盾が明らかになり，革命家のメッキははがれ，薄汚い本性が明らかにされていくのであった。

　1988年5月に逮捕された「よど号」犯人のS（2011年6月に日本国内で病死）は，帰国した目的を「日本革命のため。」と述べ，2000年6月，「よど号」犯人の田中義三（2007年1月に日本国内で病死）がタイから日本へ強制送還された際，田中は，これを「自主帰国」と宣言したという。自らが革命家であるとする精一杯のアピールだったのだろう。

(1)　「無罪合意帰国」

　1985年7月，「よど号」犯人は，中曽根首相（当時）に対して書簡を発出した。彼らは「我々は政治亡命者である。」として，日本政府に対し，無罪帰国の受け入れと帰国問題を協議するために即時適切な措置を講じることを要求した。

　しかも，ハイジャック事件については，盗人猛々しくも「人を殺めも傷つけもしていない。」，「借用した飛行機は即時返還された。」と主張するなど，彼らは，罪の意識など毛頭感じていない。さらに，「よど号」犯人は，自らの意志で「国際根拠地論」を体現するために北朝鮮に渡ったことを宣言しておきながら，あろうことか自分たちがハイジャックせざるを得なかった状況を作った責任は当時の日本政府にあるとして，謝罪を求めたのである。

　その後，「よど号」犯人は，1990年6月，海部首相（当時）にも書簡を発出した。その書簡では，「日本政府は，20年間なにもしていない私たちをテロリストとして国際手配するなど誹謗中傷してきた。」と言い放ち，「自らの非を認め，逮捕されるような投降的行為を行うことは絶対にあり得ない。」と断言し，ハイジャックという凶悪な犯罪を起こしたことを棚に上げ，改め

124　第2章　日本赤軍及び「よど号」グループ

て日本政府との協議を要求した。

彼らが何もしていないと主張する20年間は、「よど号」犯人グループが最も暗躍した時代であるといえる。昭和50年代、「よど号」犯人グループは、金日成の教示に基づいて、ヨーロッパにおける日本人拉致事件に関与したことをはじめ、妻らが同所において、北朝鮮工作員と接触していたことも明らかにされている。また、Sは、ソウルオリンピックを間近に控えた1988年5月に日本国内で逮捕された。Sは、北朝鮮に帰還した日本と北朝鮮の二重国籍を持つ人物になりすまして不正に日本旅券を取得し、繰り返し出国するなど、違法行為を行っていたことが確認されている。

Sは、日本国内で、青少年の獲得工作や他の「よど号」犯人の国内潜入の際の偽装のためとみられる家出人の調査活動等をしていた。

Sは、懲役5年の有罪判決を受けて服役し、1994年に出所した。

彼らの主張する「無罪合意帰国」は、むろん日本政府から無視され、その協議は実現することはなかったという。後に、彼らは、事件発生から20年以上が経過したことを捉えて、ハイジャック事件の「実質的時効」を訴えるようになったが、それも基本的には日本政府との協議を求めるものであった。

刑事訴訟法第255条は、犯人が海外逃亡中は時効は停止すると規定している。彼らは、海外逃亡中の犯人であり、その時効が停止していることは明らかである。彼らがいう「実質的時効」は、自らが犯罪を引き起こしているにも関わらず、「時間がたったから無罪。」というものであり、自己中心的な言い分にほかならない。

1996年3月、田中は、カンボジアにおいて、身分を偽り同国に入国し、北朝鮮の外交官と行動を共にしていたところを身柄拘束されたと報じられた。田中は、偽造米ドル行使目的所持罪等の容疑でタイ当局に逮捕され、裁判を受けた後、2000年6月には、日本に身柄が移送された。

2002年2月、東京地方裁判所は、田中に対し、ハイジャック事件等について、懲役12年の判決を言い渡した。「よど号」犯人は、この懲役12年の判決に対して、「ハイジャックの非を認め、乗客、乗務員に謝罪したのに、考えられる最大の懲罰を加えた。」などと批判した。

この判決にもあるように、彼らは、日本初のハイジャックとして社会的に

大きな衝撃を与えた極めて重大な犯罪を犯した犯罪者である。その刑の重軽に異論を唱えることは，彼らが法律を軽視し，非を認めていない証左であろう。

⑵　逮捕覚悟の帰国方針

2002年7月，「よど号」犯人は，日本の報道関係者からの取材に対して，逮捕覚悟で自主的に日本に帰国する方針を固めたことを明らかにした。

「よど号」犯人は，この方針変更の理由について，「自分たちの存在が北朝鮮への『テロ国家攻撃』に利用されることを危惧した。」，「北朝鮮の工作員だったとの誤解を晴らしたい。」などと説明したという。

体裁を気にする彼らが，革命家として日本に帰国するためには，「北朝鮮の手下」というレッテルを貼られたままではいられなかったのであろう。

彼らは，あくまで日本政府に対して協議の場を設けることを要求し，拉致疑惑などで理不尽な対応が続くようであれば帰国はできないと公言し始めた。

現在，「よど号」犯人グループは，「拉致逮捕状を不問に付して帰国することはあり得ない。覇権と朝鮮敵視の産物である拉致容疑を晴らして帰国し，その後，ハイジャック事件の正否について闘う。」と引き続き，日本政府と話し合いの上，拉致容疑逮捕状を撤回させて帰国することを主張している。

「よど号」犯人グループは，2012年4月に発行した機関紙において，「拉致容疑（結婚誘拐罪）逮捕状」発付に対する国家賠償請求訴訟を起こすことに言及した。彼らは，拉致容疑逮捕状を「国策逮捕状」であるとし，Yの証言については，「『国策』協力の虚構に基づく偽証であり，『良心の告白』ではない。」などと反論しているが，自らが帰国してそれを証明する覚悟まではないようだ。

一方で，北朝鮮側は，日本政府からの「よど号」犯人グループの身柄引き渡し要求に対して，「当事者同士の話し合いにより解決すべき問題」との立場であったが，2008年6月に行われた日朝実務者協議において，「よど号」犯人グループの問題解決のために協力する用意があることを表明した。しかし，現在まで拉致問題を含め，その解決に向けた具体的な行動はみられていない。

6　おわりに

　「よど号」犯人グループは，その実態が暴露されるに従い，その言い訳にも窮しつつある。拉致問題解決を希求する圧倒的な世論の高まりを受け，彼らは確実に追い詰められてきている。

　日本赤軍メンバーの丸岡修は，2011年5月に死亡した。彼は，良心の呵責に苦しみ，死の間際になって，それまで公判廷でも否認し続けていた「ドバイ事件」，「ダッカ事件」への関与を認める内容の遺書を残したという。丸岡は，これまで支援してくれた関係者に謝罪するとともに，遺書を書いた理由について，「墓場まで過ちを持ち込むわけにはいかない。」と綴ったとされる。

　また，Yは，自らの過ちを悔い，2002年に有本恵子さんの家族へ直接謝罪したという。その後Yは，他の帰国した「よど号」犯人の妻の公判で，「よど号」犯人グループの日本人拉致関与を証言，著書『謝罪します』を発行するなど，自らを含む「よど号」犯人グループの犯した犯罪を明らかにした。

　それに引き換え，「よど号」犯人グループは，常に捜査当局の手の及ばない北朝鮮から，責任転嫁の屁理屈を並べるばかりで，この期に及んでも帰国して真実を語ろうという姿勢は微塵も見受けられない。国民が聞きたいのは，彼らの望郷の念ではなく，拉致事件の真相であろう。

　「よど号」犯人グループは，北朝鮮当局の庇護下で，分別もつかない未熟な大人のまま年を重ねていった。そんな彼らだからこそ，犯罪者でありながら，「広範な大衆的支持のもと，日本政府と話し合い，合意して帰国する。」という夢物語を主張できるのだろう。

　いまだ，北朝鮮離れできず，「子供」のように夢を見続けている「よど号」犯人グループが真実を明らかにする日はくるのか。「大人」として現実と向き合い，自らの過ちを潔く認めて，その説明責任を果たし謝罪すべきだ。「大人」の対応こそが自身の帰国の道を開くのである。犯罪者に凱旋帰国などあり得ない。彼らを待っているのは，「法の裁き」である。

第3章

国際テロ情勢

2017年の国際テロ情勢を
振り返って

国際テロ研究会

1　はじめに

　2017年も世界各地において国際テロが発生し，多くの人々が犠牲となった。2014年6月にイスラム国の樹立を宣言して以降，世界のテロ情勢に大きな影響を与えてきたイラクとレバントのイスラム国（ISIL）は，「対ISIL有志連合」参加国等による空爆等により，領土，資金力，戦闘員等を大幅に失っているとされているが，いまだにISILが発出したプロパガンダに影響を受けたとみられる者によるテロが発生しているほか，外国人戦闘員としてISILに参加した者が世界中に拡散するおそれが懸念されていることなどを踏まえると，世界のテロ情勢に対するISILの影響力が容易に失われることはないと思われる。

　2017年中は日本人や日本の権益を狙ったテロの実行は確認されておらず，ISIL等のイスラム過激派組織が日本をテロの標的として名指しするような声明やプロパガンダも確認されていない。一方で，イギリス，フランス，スペインといった多くの日本人が訪れ，在留邦人も多い国において，大規模なテロ事件が発生していることから，観光客等として当該国を訪れた日本人がテロ事件に巻き込まれる可能性を否定することはできない。

　各国政府としても，テロ対策を引き続き重要課題として認識しており，

2017年5月のG7タオルミーナ・サミットではイギリス・マンチェスターにおける自爆事件を非難するとともに，国際協力，インターネット上のテロ対策，テロ資金源になり得る組織犯罪対策等の重要性が確認された。また，同サミットにおいて『テロ及び暴力的過激主義との闘いに関するG7タオルミーナ声明』が採択され，同声明における合意内容の確実な実施と，テロ壊滅のための民間部門及び市民社会との連携を目的とした内務大臣会合が同年10月にイタリアのイスキア島において開催された。同会合には日本政府を代表して小此木八郎国家公安委員会委員長が出席し，各国と活発な議論を行うとともに，テロ及び暴力的過激主義対策の徹底に向け，更に各国が連携して取り組み続けていくことが確認されたところである。

　こうした情勢を念頭に置き，2017年の国際テロ情勢を振り返ることとしたい。

2　ISILの現況

　2014年6月に指導者バグダディがカリフ制国家「イスラム国」の樹立を宣言して以降，ISILはイラクとシリアにまたがる広大な領域を支配し，世界のテロ情勢を一変させる存在となった。しかし，米国が主導する「対ISIL有志連合」参加国等による空爆等により，首都としていたラッカをはじめ，モスル，デリゾール等の主要都市を次々と奪還されるなど，その支配領域の大部分を失ったとされる。

　ISIL支配地域の減少は，その活動資金減少の一因にもなっている。「対ISIL有志連合」参加国等による空爆により，シリア北部及びイラク西部における支配地域の石油関連施設を失った結果，かつてはISIL最大の資金源であった石油製品の密輸によって得られる資金が大幅に減少している。また，支配地域内に居住する住民が減少したことに伴い，それら住民に対する課税により得られる資金額も減少している。シンクタンクの報告によると，様々な資金源から得られるISILの資金は，2015年第2四半期と比較して約80％減少しているとされる（http://news.ihsmarkit.com/press-release/aerospace-defense-security/islamic-state-territory-down60-percent-and-revenue-down-

2017年の国際テロ情勢を振り返って　**131**

80（last visited 12. Jan. 2018））。

　また，ISIL支配地域の減少はISILに参加する外国人戦闘員の減少にもつながっている。これまでにシリア及びイラクに渡航してISILに参加し，戦闘に加わった外国人戦闘員について，少なくとも5,600人が出身国に帰還したとされているほか，多数が第三国へと移動しているとされる（http://thesoufancenter.org/research/beyond-caliphate/（last visited 12. Jan. 2018））。これら帰還又は第三国に移動した外国人戦闘員経験者には，ISILの過激思想を持ち続けたまま帰還又は移動先に潜伏し，その場所においてテロを実行する機会を狙っている者もいる。2015年11月のパリにおける同時多発テロ事件や2016年3月のブリュッセルにおける連続爆破事件は外国人戦闘員経験者が実行犯に含まれており，今後はこれら外国人戦闘員経験者によるテロが世界各地で発生する可能性が懸念されている。

　これらの情勢に鑑みると，現時点においてISILの脅威が失われていると捉えることはできない。各国が連携して対策を講じたことにより，ISILが支配地域，資金，戦闘員等を大幅に失ったことは事実であるが，これまでISILが広めてきた過激思想までが失われているものではないことから，今後は本国への帰還又は第三国へ移動した外国人戦闘員が他の紛争地域や世界各地のテロ情勢にどのような影響を及ぼすのかという点について注視していく必要がある。

3　2017年中のイスラム過激派等によるテロ事件

　ISILがイラク，シリアにおいて軍事的劣勢となり，支配領域等を大幅に失っていることは先に述べたとおりである。

　しかし，2017年中においても，ISILを始めとしたイスラム過激派組織によるとみられるテロ事件のほか，イスラム過激派組織等の関与は不明なるも，同組織等が犯行声明を発出したテロ事件，同組織のプロパガンダに影響を受けたとみられる者によるテロ事件等，数多くのテロ事件が世界各地において発生した。この項では，発生順に主な事件の概要を説明する。

○　1月
・　トルコ最大の都市イスタンブールの欧州側の新市街オルタキョイ地区にあるナイトクラブ「レイナ」において，約600人の客が新年を祝う中，武装した男1人が銃を乱射した。外国人28人を含む39人が死亡，69人が負傷した。犯人は現場から逃走していたが，後日，警察により逮捕された。ISILトルコを名乗る者が犯行声明を出している。

・　マリ中部の都市ガオにあるマリ軍及び親政府武装勢力などの合同基地において，自動車爆弾による自爆テロが発生し，少なくとも77人が死亡，100人以上が負傷した。モーリタニアの通信社アル・アクバールは，本件に関するイスラム・マグレブ諸国のアル・カーイダ（AQIM）の犯行声明が発出されたと報じた。

・　パキスタンのシーア派住民が多数を占めるパラチナルの青果市場において，野菜などを入れる箱の中に隠されていた手製爆発物（IED）が爆発し，25人が死亡，少なくとも87人が負傷した。パキスタン・タリバン運動（TTP）及びその傘下組織であるラシュカレ・ジャングビ・アル・アラミ（LeJ-A）がそれぞれ犯行声明を出している。

○　2月
・　アフガニスタンの首都カブールにある最高裁判所敷地内駐車場において，自爆ベストを着た犯人が自爆し，最高裁判所職員ら少なくとも20人が死亡，41人が負傷した。ISILホラーサーン州が犯行声明を出している。

・　パキスタンの南部シンド州セーワンにあるスーフィズムの宗教施設「ラール・シャーバズ・カランダル」聖廟内で，男が手榴弾を投擲した後自爆し，少なくとも88人が死亡，150人が負傷した。ISILホラーサーン州が犯行声明を出している。

・　フィリピン南東部等におけるイスラム国家建設を目指す武装勢力であるアブ・サヤフ・グループ（ASG）は，拉致していたドイツ人人質とみられる男性の斬首映像をテレグラム上に掲出した。後日，スールー諸島において，同人の遺体がフィリピン軍により発見された。

○　3月
・　アフガニスタンの首都カブールにあるサンダル・モハマド・ダウド・カ

2017年の国際テロ情勢を振り返って　133

ーン軍病院の南ゲートにおいて自爆攻撃が発生し，その後，医療関係者に扮した4人組の武装集団が病院内に侵入して患者や病院スタッフを銃撃し，少なくとも50人が死亡，31人が負傷した。犯人は治安部隊により射殺されており，ISILホラーサーン州が犯行声明を出している。

・　シリアの首都ダマスカスにあるイスラム教シーア派の霊廟付近で2度の自爆攻撃があり，同霊廟を訪れていたイラク人シーア派巡礼者ら74人が死亡した。シャーム解放機構が犯行声明を出している。

・　シリアの首都ダマスカスにおいて2件の自爆攻撃が発生し，少なくとも39人が死亡，130人が負傷した。最初の事件では，ダマスカス中心部にある裁判所内において男が着用していた自爆ベストで自爆し，2件目の事件では，ダマスカス北西部にあるレストラン内において男が着用していた自爆ベストで自爆した。ISILが犯行声明を出している。

・　イギリスのロンドン市内テムズ川に架かるウェストミンスター橋において，男1人が運転してきた車両で，橋の上の歩行者を次々と轢過し，その後，橋を渡り切った先にあるウェストミンスター宮殿の外周フェンスに衝突。さらに，降車後，宮殿敷地内に侵入し，所持していた大型ナイフで警戒中の警察官1人を刺殺した。一連の犯行により4人が死亡し，少なくとも50人が負傷した。犯人は駆けつけた武装警察官により射殺されており，犯行声明は確認されていない。

○　4月

・　ロシア西部の都市サンクトペテルブルクの地下鉄で自爆テロ事件が発生した。爆発はセンナヤ広場駅と工科大学駅間を走行中の車両内で発生し，少なくとも15人が死亡，50人が負傷した。犯人は，同地下鉄の蜂起広場駅にも爆発物を設置していたが，当該爆発物は当局により無害化された。イマーム・シャミル大隊を名乗る者が犯行声明を出している。

・　スウェーデンの首都ストックホルム中心部で，大型トラックが，路上の通行人を次々と轢過しながら走行し，その後ショッピングセンターに突入して，5人が死亡，15人が負傷した。犯人は現場から逃走していたが，スウェーデン警察当局により発見，逮捕されており，犯行声明は確認されていない。

・　アフガニスタン北部のバルフ州の州都マザリシャリフ郊外にある軍の基地を武装集団が襲撃し，兵士ら少なくとも140人が死亡，160人が負傷した。犯人は10人とみられ，軍服を着用の上で軍用車両に分乗して同基地内に侵入し，銃撃や自爆攻撃を実行した。犯人のうち7人は射殺され，2人が自爆により死亡しており，残り1人は身柄を拘束された。タリバンが犯行声明を出している。

○　5月

・　イギリス北部のマンチェスターにあるコンサートホールにおいて行われていた米国人女性歌手のコンサート終了直後，同ホールと隣接するマンチェスター・ビクトリア駅をつなぐ屋外の通りで爆発が発生し，少なくとも22人が死亡し，64人が負傷した。実行犯は自爆により死亡しており，ISILが犯行声明を出している。

・　フィリピン共和国軍と警察が合同で，ASGの指導者イスニロン・ハピロンが潜伏しているとみられる，イスラム過激派組織マウテ・グループ（MG）のアジト，アパート等に対する軍事作戦を開始したことに端を発し，MGがフィリピン南ラナオ州マラウィ市を占拠する事件が発生し，約5か月間にわたり戦闘が継続した。この事件に対し，ドゥテルテ大統領が戒厳令を布告したほか，ISILが犯行声明を出している。

・　アフガニスタンの首都カブールの大使館や大統領府が所在する地区で，大型の給水車又は汚水回収用のタンクローリーに爆発物を積載したとみられる自爆攻撃が発生し，少なくとも150人が死亡し，300人が負傷した。なお，同爆発により，在カブール日本国大使館の窓ガラスが割れ，邦人2人が軽傷を負った。犯行声明は確認されておらず，タリバーンは本件への関与を否定する声明を出している。

○　6月

・　イギリスの首都ロンドン中心部のテムズ川に架かるロンドン橋上で，南方向に走行していた車両が高速で歩道上を走行し，歩行者5，6人を次々と轢過した。車両はロンドン橋南の歩道上に停車し，車内から降車した3人の男がロンドン橋の南西に位置するバラ・マーケットに移動した後，飲食店等にいた人を大型の刃物で襲撃した。一連の犯行により，8人が死

亡，少なくとも48人が負傷した。3人の実行犯は全員警察により射殺され，ISILとつながりがあるとされるアマーク通信が，ISILの戦闘員による犯行である旨のメッセージを発出した。

・　フランスの首都パリ中心部のシャンゼリゼ通りグランパレ付近において，乗用車に乗った男が憲兵隊のバン型車両に衝突した。この衝突で乗用車は火災を起こし，警察官が男を車両から救出したが，その後死亡が確認された。この事件では，犯人のほかに死傷者はおらず，犯行声明も確認されていない。

・　ベルギーのブリュッセル中央駅において，男1人が小規模な爆発を起こし，その後，ベルギーの兵士により射殺された。この事件では，犯人のほかに死傷者はおらず，ISILが機関誌において「カリフ国の戦士による攻撃」として取り上げた。

○　7月

・　ナイジェリア北東部のボルノ州の州都マイドゥグリで，自警団の拠点を狙った合計4回の自爆攻撃が発生し，19人が死亡，23人が負傷した。本件について犯行声明は確認されていない。

・　エジプト東部沿海の観光地ハルガダのリゾートホテル「ザハビア・ホテル」ビーチに男1人が侵入し，大型の刃物で外国人客を襲撃した。男はその後，隣接するビーチに泳いで移動し，同所で更に外国人を襲撃して逃走を試みたが，警備員らによって取り押さえられた。一連の犯行により，3人が死亡，3人が負傷した。本件について犯行声明は確認されていない。

・　ドイツ北部の都市ハンブルクの北バルムベック地区フールズビュットラー通りにあるスーパーマーケットにおいて，刃物利用襲撃事件が発生し，1人が死亡，6人が負傷した。実行犯は，犯行現場のスーパーマーケットで売られていた包丁を使用して本件を実行し，店外に逃走した後，客らによって取り押さえられ，警察に引き渡された。本件について犯行声明は確認されていない。

○　8月

・　スペイン北東部のカタルーニャ州バルセロナ及びカンブリスにおいて2件の車両利用襲撃事件が発生した。バルセロナでは，男1人が車両を運転

し，通行人らを轢過して14人が死亡，100人以上が負傷した。また，カンブリスでは，5人の男が乗った車両が歩行者を轢過し，1人が死亡，警察官1人を含む6人が負傷した。両事件の実行犯は全員が警察官により射殺されており，ISILが犯行声明を出している。

・　フィンランド南西部の都市トゥルクの中心部にあるカウパットリ広場及びプートリ市場において，男が刃物で通行人を襲撃する事件が発生し，2人が死亡，8人が負傷した。実行犯は現場で逮捕されており，本件について犯行声明は確認されていない。

・　ロシアのハンティ・マンシ自治管区の都市スルグトにあるショッピングモール脇に設置されたATM付近において，火炎瓶のようなものを発火させた後，店内において女性を切りつけ，さらにレーニン通りの路上に出て通行人を無差別に切りつけた。この犯行により8人が負傷した。その後，被疑者は現場から逃走したが，追跡した警察官により射殺された。ISILが機関誌において，事実上の犯行声明を出している。

○　9月

・　イラク南東部ディカール州ナシリヤにおいて，警察の検問所とレストラン2店舗に対する襲撃事件が発生し，少なくとも74人が死亡，93人が負傷した。シーア派の人民動員隊の隊服を着用し，盗難車両を利用した襲撃犯グループは，客で混み合っていたレストラン内において手榴弾と銃で攻撃を開始し，1人の襲撃犯が自爆ベストを爆発させた。その後，他の襲撃犯らは付近にある警察の検問所で車両爆弾を爆発させた。ISILジャノブ州が犯行声明を出している。

・　イギリスの首都ロンドン南西部にあるパーソンズ・グリーン駅に停車していたロンドン中心部行きの地下鉄車内で爆発が発生し，少なくとも30人が負傷した。実行犯は警察により逮捕されており，ISILが犯行声明を出しているが，当局はISILの関与を確認していないとしている。

・　カナダ西部のアルバータ州エドモントンにおいて，男がフットボール会場前で警戒中の警察官1人を乗用車で轢過し，さらに降車して刃物で同警察官を数回刺した後，徒歩で逃走した。逃走中に何らかの方法でバン型車両を入手した被疑者は，約3時間半後，同市内で検問中の警察官によって

2017年の国際テロ情勢を振り返って　137

停止を求められ，フットボール会場前の事件関係者であることが判明したため，歩行者を次々に轢過しながら逃走を図るも，車両が横転して警察官により確保された。一連の犯行により5人が負傷したが，本件について犯行声明は確認されていない。

○ 10月

・ フランス南部のマルセイユにあるサン・シャルル駅前において，刃物を持った男1人が女性2人に襲い掛かり1人は首を切られ，他の1人は胸部を刺されたことにより死亡した。被疑者は，警戒中の兵士にも襲い掛かろうとしたが，兵士らによって射殺された。ISILとつながりがあるとされるアマーク通信は，本件の実行犯がイスラム国の兵士である旨の声明を出している。

・ ソマリアの首都モガディシュにある，官公庁，ホテル，飲食店等が所在する繁華街において，トラックに積載された爆発物が爆発し，少なくとも

米国・ニューヨークで起きた車突入事件の現場検証を行う当局者（2017年10月31日，EPA＝時事）

358人が死亡，228人が負傷した。専門家の意見として，トラックには少なくとも500キログラムの爆発物が積載されていたと報じられている。本件について犯行声明は確認されていない。

・　アメリカ合衆国ニューヨーク市マンハッタン地区の大通り沿いの自転車専用レーンを，男1人が運転するピックアップ型トラックが約1.3キロメートルにわたり走行し，自転車に乗る人や歩行者を次々とはね，8人が死亡，12人が負傷した。トラックは，スクールバス等に衝突した後に停車し，被疑者は銃様のもの2つを把持して降車，逃走を図ったが，警察官によって腹部を銃撃され，身柄を拘束された。ISILは本件に関する犯行を主張している。

○　11月

・　エジプト北シナイ県にあるスーフィズムを信奉するムスリムが利用するところとして知られていたモスクにおいて，IEDが爆発し，信者が同モスク内から逃げ出してきたところ，同モスク前で4グループに分かれた約40人の武装集団が発砲し，300人以上が死亡，128人が負傷した。犯行時，犯人らはISILが用いる旗を所持していたという目撃情報が報じられているが，本件についてISILによる犯行声明は確認されていない。

○　12月

・　アメリカ合衆国ニューヨーク市マンハッタンにある地下鉄の連絡通路で自爆テロ事件が発生し，犯人を含む4人が負傷した。犯人は現場で逮捕されており，これまでに犯行声明は確認されていない。

4　我が国に対するテロの脅威

　2017年中も国外において様々なテロ事件が発生した中，幸いにして邦人が死亡した事件は発生していない。しかし，アフガニスタンの首都カブールに所在するドイツ大使館付近で発生した自爆テロ事案では，爆発の影響により在アフガニスタン日本国大使館の窓ガラスが割れ，館内にいた邦人が軽傷を負うなど，実際に我が国の権益や邦人がテロの被害に遭う事案が発生している。この事案については，テロ組織による明確な犯行声明が確認されておら

2017年の国際テロ情勢を振り返って　139

ず，その標的は必ずしも明らかとなっていない。しかし，イギリスのマンチェスターやスペインのバルセロナのように，年間を通じて多くの日本人観光客が訪れる場所において大規模なテロ事件が発生していることも踏まえると，邦人がテロ事件に巻き込まれる可能性は十分に考えられる。

これまで日本国内においてISIL等のイスラム過激派組織等によるテロ事案は発生していないが，過去に発生がないことを理由として，今後も日本国内においてはテロが発生しないと考えることはできない。ここでは，国内外の現状を踏まえながら，日本国内におけるテロの脅威について検討することとしたい。

(1) **外国人戦闘員によるテロの脅威**

各種報道，シンクタンクによる報告等によれば，これまでに少なくとも5,600人の外国人戦闘員が自国に帰還しており，その一部は東南アジア地域の国々にも帰還したとされている。また，5月にフィリピンで発生したMGによるマラウィ市占拠事件においては，インドネシア，マレーシアといった東南アジア出身の外国人戦闘員のほか，中東出身の外国人戦闘員の存在が確認されたとの報道がなされている（http://cnnphilippines.com/news/2017/06/23/Philippines-ISIS-foreign-terrorists-Maute-Marawi.html（last visited 12. Jan. 2018））。

我が国では，訪日外国人数を2020年までに4,000万人にするとの観光立国推進基本計画を閣議決定し，その実現に向けた各種取組を推進している。今後，2020年東京オリンピック・パラリンピック競技大会等の各種イベントにあわせて訪日外国人数が増加することも予想される。これらの訪日外国人に外国人戦闘員が紛れ込み，我が国に潜伏する可能性を否定することはできない。これらの者によるテロの実行を防ぐため，現在政府が取り組んでいる水際対策を徹底し，テロリストの我が国への入国を阻止しなければならない。

(2) **入手しやすい凶器によるテロの実行**

これまで，2015年11月のフランス・パリにおける連続テロ事件や2016年3月のベルギー・ブリュッセルにおける連続テロ事件，2017年5月のイギリス・マンチェスターにおけるコンサート会場での自爆事件など，IEDや銃器を用いた事案により，多数の死傷者を生じさせる大規模なテロが発生してき

た。日本は銃砲に対して厳格な規制を行っていることから，欧米等と比較すると，日本において銃器を用いたテロが発生する可能性は低いといえよう。また，火薬及び爆薬についても厳格な規制が行われており，特に軍用爆薬の入手は困難である。しかし，産業用の火薬及び爆薬については様々な方法で入手することが可能である。また，爆発物の製造に関する知識を有している者であれば，市販されている製品から爆弾の製造に必要な材料を取り出すなどし，相当な破壊力を有する爆弾を製造することも可能であることから，今後もこれまで以上に，爆弾の原料になり得る物質等の管理に注意していかなければならない。

　他方，海外で発生したテロ事件では，必ずしも銃器やIEDのみがテロの実行に用いられているわけではない。上述したイギリス・ロンドン橋等における襲撃事件やスペイン・バルセロナ及びカンブリスにおける車両使用テロ事件をはじめ，大型車両やナイフ等，銃器やIEDに比べ，比較的入手が容易な道具を凶器として使用したテロ事件が相次いでおり，これらの事件においても多数の死傷者が生じている。ISILはその機関誌等において，テロによる被害を増大させるための車両やナイフの選び方などを広く周知しているところ，当該車種の運転に必要な運転免許証の交付を受けていれば，日本国内においてもレンタカーとして大型車両を借り受けることは容易であるほか，家庭用の包丁なども含めると，凶器となり得る道具を入手することは容易である。これらの道具は専門的な訓練を受けていなくとも人を殺傷することが可能であることから，日本国内においてもこうした入手しやすい道具を用いたテロの実行にも警戒を強めていく必要がある。

⑶　ソフトターゲット対策

　これまで，2019年ラグビーワールドカップの開催やG20サミットの開催，2020年東京オリンピック・パラリンピック競技大会等の開催を見据え，大規模イベント等を標的としたテロの脅威について議論がなされてきたところである。スポーツイベントに対するテロの脅威として，2017年11月にベルギー北西部の都市ブリュージュにあるサッカースタジアムで開催された日本代表対ベルギー代表の国際親善試合に関し，同試合を狙ったテロが起きる可能性を示唆する情報があったと報じられているほか，同年10月には親ISILとみら

れる者がFIFAワールドカップ・ロシア大会を標的とする趣旨のプロパガンダ画像をインターネット上に相次いで発出している。これら大規模イベントは世界中からの注目を集めるだけでなく，過去に同種の大規模イベントにおいてテロ事件が実際に発生しているという点において，引き続きテロ対策を徹底していく必要があることはいうまでもない。

　一方で，特段のイベントが行われておらずとも，平素から歩行者の往来が多いような場所を標的として車両を突入させるような事件も発生している。多くの人々が集まる施設等のいわゆるソフトターゲットについても国内各所に所在しており，警備の困難性が指摘されているところであるが，一層多様化するターゲットをいかに把握し，テロを未然に防ぐかということが今後の課題となるのではないだろうか。

5　日本赤軍と「よど号」グループ

⑴　日本赤軍の動向

　日本赤軍は，最高幹部の重信房子が2001年4月に解散を表明したことを受け，同年5月，組織としても解散を追認した。しかし，逃亡中のメンバー7名に投降を促すこともなく，彼らへの支援を継続しているとみられること，多くの死傷者を出したテルアビブ・ロッド空港事件の発生日を「日本赤軍の創立記念日」と称する恒例の「5.30集会」を開催し，過去に敢行したテロ行為を称賛し続けていることなどを踏まえると，この解散宣言はテロ組織としての本質の隠蔽を狙ったものと考えられる。したがって，こうした姿勢が改められない限り，その危険性は矮小化して評価されるべきではない。

　2015年2月，インドネシア・ジャカルタに所在する日本及び米国大使館に対する爆弾テロ事件（1986年5月）を敢行した日本赤軍メンバー・城﨑勉が警察により逮捕された。城﨑の公判は既に開始されており，裁判員裁判で行われた第一審では懲役12年の判決が言い渡された。城﨑は即日控訴しており，今後の公判の行方が注目される。

⑵　「よど号」グループの動向

　「よど号」事件の犯人については，リーダーの田宮高麿を含め4人が既に

142　第3章　国際テロ情勢

死亡したため，現在，北朝鮮にとどまっているのは，小西隆裕，若林盛亮，赤木志郎，魚本（旧姓：安倍）公博及び岡本武の５人とみられる（岡本については，死亡したとの情報もあるが当局による確認はなされていない。）。

　現在，魚本については，有本恵子さんに対する結婚目的誘拐容疑で，「よど号」事件の犯人の妻である森順子及び若林（旧姓：黒田）佐喜子については，石岡亨さん及び松木薫さん両名に対する結婚目的誘拐容疑で，それぞれ国際手配されている。しかし，「よど号」グループは，マスコミ報道，声明文等を通じて拉致容疑事案への関与を否定し続けている。

　現在，「よど号」グループは，2014年９月に開設したツイッターアカウント「何でもアリ!?よど号のyobo-yodo」や，2017年11月に開設したウェブサイト「ようこそ，よど号日本人村」において，帰国実現に向けた世論形成のための活動を展開している。

6　おわりに

　これまで，筆者の私見を踏まえながら2017年の国際テロ情勢を振り返ってきたが，今後も日本国内において国際テロが発生しないと言い切ることができないことは既述のとおりである。我が国では，2020年東京オリンピック・パラリンピック競技大会という日本のテロ対策の真価が問われるイベントを控えているだけでなく，その前年である2019年には，ラグビーワールドカップ及びＧ20サミットの開催が決定している。我が国は2016年に開催されたＧ７伊勢志摩サミットにおいて，官民一体となったテロ対策の徹底により，開催期間中のテロを防いだばかりであるが，今後もテロ対策の徹底を図っていかなければならないことに変わりはない。我々国民としても，引き続きテロが差し迫った脅威であることを認識し，テロ対策を政府に依存することなく，日本全体が一丸となった対策を行うことが必要である。

2016年の国際テロ情勢を振り返って

国際テロ研究会

1　はじめに

　ISIL（イラクとレバントのイスラム国）は，2014年6月，イラクとシリアをまたぐ地域に「イスラム国」の樹立を宣言して以降，世界の国際テロ情勢に大きな影響を与えてきた。しかし最近では，有志連合による空爆，イラク軍等による反撃により，支配地域を失いつつあるとみられている。一方で，我が国との関係だけでも，2016年3月にベルギー・ブリュッセルにおける連続テロ事件が発生し，邦人2人が負傷したほか，7月のバングラデシュ・ダッカにおける襲撃事件では，邦人7人が犠牲になった。これら2つの事件については，ISIL関連組織が犯行声明を発出したほか，ベルギーの事件については，ISILの報道官アブ・ムハンマド・アル・アドナニをはじめ，ISILの対外作戦部門が関与したともされている。また，ISILの声明やオンライン雑誌において，日本がテロの標的として名指しされていることに加え，ISILのサイバー部門を名乗る者がインターネット上に，「殺害リスト（kill list）」と題する数千件の個人情報を公表し，リストに記載された者たちを殺害するよう呼び掛けており，同リストには複数の邦人や国内法人と思われる記述も含まれていた。このように，テロの脅威が我が国に迫っていることに変わりはない。

144　第3章　国際テロ情勢

こうした情勢の中，Ｇ７伊勢志摩サミット首脳会議では，官民が一体とな
ってテロ対策を徹底したことにより，開催期間中のテロの発生を防いだほ
か，Ｇ７伊勢志摩首脳宣言の附属文書として「テロ及び暴力的過激主義対策
に関するＧ７行動計画」が発出され，ICPOのデータベースやPNR（乗客予
約記録）を活用した対策の強化等に協調して取り組む方針等が確認されるな
ど，2020年東京オリンピック・パラリンピック競技大会を控えた我が国にと
って，テロ対策の真価が問われた１年であったと言っても過言ではない。
　こうした情勢を念頭に置き，2016年中の国際テロ情勢を振り返ることとし
たい。
　なお，本稿の意見にわたる部分は全て筆者の私見であることを申し添える。

2　ISILをめぐる情勢

　2014年６月に指導者バグダディがカリフ制国家「イスラム国」の樹立を宣
言して以降，ISILは，イラクとシリアにまたがる広大な領域を支配してき
た。ISILは，その指導体制について明らかにしており，バグダディの下に諮
問評議会及び執行委員会が存在するとしている。諮問評議会は，民にシャリ
ーア（イスラム法）を確実に履行させたり，祖国を守る軍を整備したりして
いるとしており，執行委員会では，支配地域を効果的に管理・運営するため
に35の州を置いて知事により統轄させているほか，公益の保全，市民の信教
や安全を保護する責務を有する14の省，様々な案件を処理する５つの委員会
又は事務局を置いている。これらISILによる直接の支配を受けている地域の
ほかにも，ISILのプロパガンダに呼応して支持を表明するイスラム過激派組
織等が世界各国に出現するなど，ISILは世界のテロ情勢を一変させた存在で
あるが，2016年10月にはイラク軍等により，ISILが支配する領域で最大の都
市であるモスル奪還に向けた作戦が開始され，一定の成果を収めるなど，そ
の支配地域等は減少傾向にあるとされている。
　ISILの戦闘員について，正確な人数は明らかにされていないが，米陸軍の
マクファーランド中将は2016年８月，減少傾向にあると明らかにした。同中
将は，イラク及びシリアにおける戦闘の結果，４万5,000人の戦闘員が戦場

2016年の国際テロ情勢を振り返って　**145**

から排除されており，現在の戦闘員数は1万5,000人から2万人程度である
と述べている。また，世界各地から集まった外国人戦闘員がISILに参加して
活動しているが，同月に国連安保理のISIL（ダーイシュ）及びアル・カーイ
ダ制裁委員会が公表した報告書によると，ISILの軍事力及び領土の喪失等を
原因として，ISIL支配地域や紛争地域から自国へ帰還する外国人戦闘員が増
加しているとされる。同報告書では，特にヨーロッパから紛争地域に渡航し
た外国人戦闘員の帰還が顕著であるとされており，その10～30パーセントが
帰還したとしているが，帰還した外国人戦闘員の中には，テロを実行する具
体的な意思や能力をいまだに持ち続けている者がいるともされており，今後
はこれらの帰還した外国人戦闘員が出身国等においてテロを実行する危険性
についても注意を払う必要がある。

　ISIL支配地域から外国人戦闘員が減少している理由には，ISILの資金力が
低下していることも挙げられる。ISILは，支配地域で産出される石油（原
油）の密売，住民からの「徴税」を含む強奪及び窃盗，人質による身の代金
支払いの強要，古代の遺物の密売，外部からの支援等を資金源としていると
されており，ISILの年間収入額は，他のテロ組織をはるかに超えた額である
とみられていた。しかし，米国主導の有志連合やロシアによる空爆の結果，
石油関連施設及び供給網が破壊されたため，原油生産量が減少しており，ま
た，支配地域の減少による域内人口の減少に伴い，収入の約半分を占めてい
た徴税及び没収が減少しているとみられ，2014年にイスラム国の樹立を宣言
した時点と比較すると，ISILの年間収入額は減少傾向にあるとみられている。

　また，ISILのプロパガンダ活動も急速に停滞している。2016年10月に公表
された，米国のウエスト・ポイント陸軍士官学校の調査では，ISILの広報件
数は，ピーク時であった2015年8月には700以上であったのに対し，2016年
8月には200以下とされた。こうした広報の停滞について，戦闘員数や資金，
支配地域等の減少との関係は必ずしも明らかではないが，有志連合による
ISILメディア部門を狙った空爆の結果，広報を行う余裕がなくなっていると
の見方もある。他方でISILは，2014年7月から発行してきた『ダービク』に
加え，2016年9月には新たな多言語によるオンライン機関誌『ルーミーヤ』
を創刊したほか，依然としてSNS等を用いてテロの実行を呼び掛けているこ

とから，今後もホームグローン・テロリストによるテロの脅威は高い水準で
推移していくとする分析もあり，引き続き注意が必要である。

3　2016年中のイスラム過激派によるテロ事件

　2016年中，ISILを除くイスラム過激派についても，様々な変化があった。
タリバーンについては，同年5月に指導者であったマンスールが米軍の無人
機攻撃により死亡し，ハイバトゥッラー・アフンザダが評議会において新指
導者に選ばれた。また，AQ（アル・カーイダ）に忠誠を誓い，シリア政府
等を標的としたテロを実行してきたヌスラ戦線は，同年7月にAQからの離
脱を表明し，新たにシャーム征服戦線という名称のグループとして活動する
ことを明らかにした。さらに，AQの主要幹部であったファルク・アル・カ
タニが空爆により殺害されたと報じられるなど，各イスラム過激派の指導体
制に一定の変化があったということができよう。

　こうした中，2016年中においてもISILによるものも含め，世界各地でテロ
事件が発生した。発生順に主な事件等の概略を説明する。

○　1月
・　トルコ最大の都市イスタンブールのスルタン・アメフトモスク前の広場
　で自爆犯によるテロが発生し，10人が死亡，15人が負傷した。当局による
　と，犯人は難民としてトルコに入国したシリア人とされている。
・　インドネシアの首都ジャカルタのサリナ・デパート付近のコーヒーショ
　ップ及び警察官詰所において，自爆犯による計4回に及ぶ爆発が発生し
　た。警察官詰所では，自爆の直後，自爆犯とは別の男らが銃を乱射し，一
　連の事件で2人が死亡，20人が負傷した。
・　ブルキナファソの首都ワガドゥーグーにおいて，欧米出身者等多くの外国
　人が利用するレストラン及びホテルを武装グループが襲撃し，29人が死
　亡，約30人が負傷した。AQIM（イスラム・マグレブ諸国のアル・カーイ
　ダ）が犯行声明を出している。

○　2月
・　ソマリアのアデン・アッデ国際空港を離陸した航空機内において，離陸

後間もなくして爆発が発生し，1人が死亡，2人が負傷した。AS（アル・シャバーブ）が犯行声明を出している。

○　3月

・　カナダのトロントに所在するカナダ軍採用センターにおいて，男がナイフを用いて同軍兵士2人を負傷させた。当局によると，犯人はモントリオール生まれの者で，何らかのテロ組織に属していたとの情報はないとしている。

・　ベルギーのブリュッセル国際空港において2回の爆発が発生し，その直後，ブリュッセルの地下鉄マルベーク駅においても車両内で爆発が発生した。一連の爆発により32人が死亡，340人が負傷した。

・　パキスタンのパンジャーブ州ラホールに所在する，イースターの催し物が開催されていた公園において男が自爆し，少なくとも　69人が死亡，約300人が負傷した。TTP-JA（パキスタン・タリバン運動ジャマートゥル・アフラル）が犯行声明を出している。

○　4月

・　アフガニスタンの首都カブールに所在するアフガニスタン国家保安局の施設前において自爆テロが発生し，少なくとも28人が死亡，320人が負傷した。タリバンが犯行声明を出している。

・　カナダのトルドー首相は，2015年9月にフィリピンのサマル島のリゾートホテルから拉致されていた人質4人のうち，カナダ人1人が殺害されたと発表した。リゾートホテルが襲撃された際，日本人女性1人も一時的に拘束され軽傷を負ったが拉致は免れた。アブ・サヤフが身の代金を要求する動画を公開していた。

　なお，2016年6月にも同じく人質となっていたカナダ人1人が殺害された。

○　5月

・　エジプトの首都カイロ南郊のヘルワン地区において，警ら中の私服警察官8人が襲撃され，死亡した。犯人は現場から逃走しており，ISILシナイ州が犯行声明を出している。

・　イラクの首都バグダッドに所在する，シーア派が多数を占めるサドル・

148　第3章　国際テロ情勢

シティの市場及びカディミヤ地区の検問所，スンニ派が多数を占めるジャミア地区の検問所付近で自動車爆弾によるテロが発生した。一連の爆発により，少なくとも94人が死亡，165人が負傷した。ISILバグダッド州が犯行声明を出している。

・　シリアのラタキア県ジャブラ及びタルトゥス県の県都タルトゥスにおいて4回の自爆テロが相次いで発生し，約150人が死亡，少なくとも200人以上が負傷した。ISILアル・サーヒル州が犯行声明を出している。

○　6月

・　米国のフロリダ州オーランドの同性愛者向けナイトクラブにおいて男が銃を乱射した。少なくとも50人が死亡し，53人が負傷した。犯人はテロに関連する扇動的な発言をしたことでFBIに把握されていた者で，犯行中にISILに忠誠を誓う発言をしていたとされており，ISILが犯行声明を出している。

・　ソマリアの首都モガディシュのナサ・ハブルード・ホテル前において自動車爆弾が爆発し，これに続いて武装集団がホテルを襲撃した。武装集団は宿泊客等に対して無差別に銃を乱射していたとされており，ホテル内にいたブリ・モハメド・ハムザ環境大臣を含む少なくとも15人が死亡した。ASが犯行声明を出している。

・　イスタンブールのアタチュルク国際空港を3人組の武装グループが襲撃し，小銃を乱射した後，それぞれ自爆する事件が発生した。この事件により少なくとも42人が死亡し，239人が負傷した。トルコ当局は，犯人らは外国人であると発表している。

○　7月

・　バングラデシュの首都ダッカのレストランを武装集団が襲撃し，客や従業員らを人質に立てこもった。バングラデシュ軍の突入により襲撃犯らは拘束又は殺害されたが，日本人7人を含む20人が死亡し，日本人1人を含む少なくとも40人が負傷した。バングラデシュ当局は，本件はホームグローン・テロリストによるテロであるとしてイスラム過激派等の関与を否定しているが，ISILバングラデシュが犯行声明を出している。

・　フランス南部のニースにおいて，花火を見物するために集まった人々の

2016年の国際テロ情勢を振り返って　149

中にトラックが突入し，見物人らを轢過しながら約2kmを走行した。実行犯は警察との銃撃戦の末射殺されたが，86人が死亡し，200人以上が負傷した。ISILが犯行声明を出しているが，フランス当局は，実行犯がISILと直接的な関連を持っているとの証拠はないと発表している。

- ブラジル政府は，リオデジャネイロオリンピック・パラリンピック大会を狙ったテロを計画したとして，ISILと連絡を取っていたグループのメンバー12人の身柄を拘束したと発表した。また，同グループとは別に，ISILと関係を有する疑いのある男3人の身柄を拘束したと発表した。
- アフガニスタンの首都カブールにおいて，少数派民族であるハザラ人のデモを狙ったテロが発生し，少なくとも80人が死亡し，231人が負傷した。ISILホラーサーン州が犯行声明を出している一方，タリバンは本件犯行を非難する声明を出している。

○ 8月
- ベルギーのシャルルロワに所在する警察本部前において，警戒中であった女性警察官らに対し，手斧を持った男が「アッラー・アクバル」と叫びながら襲い掛かる事件が発生し，警察官2人が負傷した。男は警察官の発

仏南部ニースのトラック突入テロ現場に並ぶブルーシートに覆われた遺体（2016年7月15日，フランス・ニース，AFP＝時事）

150　第3章　国際テロ情勢

砲により死亡した。ISILが犯行声明を出している。

- イエメン第2の都市アデンのマンスーラ地区において，ハーディー政権軍への入隊登録を行っていた集団に向かって走行してきたトラックが爆発し，少なくとも71人が死亡，98人が負傷した。ISILアデン・アビヤン州が犯行声明を出している。

- キルギスの首都ビシュケクに所在する在キルギス中国大使館の門を突き破った車両が敷地内で爆発した。キルギス当局は，実行犯の男1人が死亡し，同館のキルギス人職員3人が負傷したと発表した。

○　9月

- アフガニスタンの首都カブールの国防省付近で2回の爆発が発生し，41人が死亡，110人が負傷した。当局の発表では，2回目の爆発はアフガニスタン国軍の制服を着た自爆犯によるものとされている。タリバンが犯行声明を出している。

- フランスの首都パリの路上で多数のガスボンベ等を積んだ放置車両が発見された。警察は，車両ごと爆発させる計画であったとして7人を逮捕しており，捜査関係者によると，逮捕された者には，シリアへ渡航を企図したとして情報機関により把握されていた者等が含まれている。

- 米国のニューヨーク州マンハッタン島において，路上のごみ箱が爆発し，29人が負傷した。同事件の後，同市内において圧力鍋を使用した別の爆発物とみられるものが発見され，警察により無害化された。一連の犯行の容疑者として拘束された被疑者は，事件発生日の午前中に発生したニュージャージー州にある公園におけるごみ箱の爆発，及び事件翌日に発生した同州エリザベス市内における爆発物の遺留についても関与したとみられている。

○　10月

- ドイツ警察は，ドイツ東部の都市ライプツィヒのアパートにおいて，爆弾テロを計画したとしてシリア人難民の男を逮捕した。当局によると，被疑者のアパート居室から約1キログラムの爆発物及び起爆装置が発見されたほか，同人はインターネットで爆発物の製造方法を検索していたとされている。また，報道によると，男はISILと何らかのつながりがあったとさ

れている。

- パキスタン南西部のバルチスタン州に所在する警察学校を武装した3人組が襲撃し，少なくとも60人が死亡，120人が負傷した。武装集団のうち，1人は治安部隊により射殺され，2人は装着していた自爆ベルトで自爆した。本件については，ISILホラーサーン州及びパキスタン・タリバン運動分派組織が別々に犯行声明を出している。

- ケニアのナイロビに所在する米国大使館前路上において，男が同館周辺地域の警備に当たっていた警察官を襲撃し，負傷させた。実行犯は同警察官により射殺され，同館関係者の被害はなかった。ISILとつながりがあるとされるアマーク通信は，「実行者はイスラム国の戦士である」などとする声明を発表した。

○　11月

- アフガニスタン北部のバリフ州に所在する，ドイツ総領事館において，爆弾を積んだ自動車が門に突入し，爆発した。その後，武装勢力と治安部隊との間で銃撃戦となり，武装勢力は鎮圧された。一連の攻撃により，6人が死亡，120人が負傷した。タリバンが犯行声明を出している。

- フィリピンの首都マニラにある米国大使館付近で，ごみ箱から簡易型の爆破装置が発見された。同爆破装置については警察が処理したため，死傷者は出なかった。警察は，フィリピン南部に拠点を置くイスラム系武装組織「マウテ・グループ」が関与した可能性を指摘した。

- アフガニスタンの首都カブールにおいて，自爆ベストを着用した男が，シーア派の宗教施設内において自爆し，少なくとも27人が死亡，50人が負傷した。現場にはシーア派の宗教行事「アルバイーン」のために多数の信者が集まっていた。ISILホラーサーン州が犯行声明を出している。

○　12月

- イスタンブールにあるサッカースタジアムに隣接する路上において，爆発物を積んだ自動車が警察車両の近くで爆発した。この爆発の直後，スタジアムから約200メートル離れた公園付近において，警察官に囲まれた男が自爆した。一連の爆発により，44人が死亡，155人が負傷した。TAK（クルディスタン解放のタカ）が犯行声明を出している。

152　第3章　国際テロ情勢

・　トルコの首都アンカラで開催された写真展に出席していた，アンドレイ・カルロフ・ロシア連邦大使が，アンカラ警察の機動隊に所属する警察官に射殺され，同大使のほかにも３人が負傷した。実行犯は大使を射殺した後，アラビア語で「アッラー・アクバル」と叫んでおり，その後到着した警官隊により射殺された。

・　ドイツの首都ベルリンにある広場で開催されていたクリスマス市にトラックが突入して訪れていた客をはねながら数十メートルを走行し12人が死亡，48人が負傷した。犯行後逃走していた実行犯は23日，イタリアのミラノ市内で警察官により射殺された。アマーク通信は，「実行者はイスラム国の戦士である」などとする声明を発表した。

4　日本を標的とする国際テロの懸念

　2016年中は，ISIL等のテロ組織が公開した動画において，邦人や日本を標的として明言したものは確認されておらず，『ダービク』の記載においても，ISILが自己の残虐な行為等を正当なものであると主張する記事の中で触れるにとどまっている。しかし，我が国の権益や邦人がテロの標的となる事案が引き続き発生していることは事実であり，2016年中も，３月に発生したブリュッセルにおける連続テロ事件及び７月のダッカにおけるレストラン襲撃事件において邦人がテロの被害に遭っている。加えて，米国及びその同盟国に対する戦いを標榜し続けているAQから，米国と同盟関係にあり，また，多くの米国権益を国内に有する我が国が標的として捉えられていても不思議ではない。

　また，ISILやAQは，オンライン機関誌，動画，SNS等を活用した巧妙なプロパガンダを行っている。世界各国では，これらのプロパガンダによってテロ組織に引き付けられ，紛争地域へ渡航する者が後を絶たない。紛争地域への渡航後にテロ組織へ加わり，外国人戦闘員として活動した者が帰国後にテロを敢行する危険性が指摘されている中，2016年３月，ISILへ参加するためにシリアへの渡航を企てたとして，トルコ軍警察が邦人の身柄を拘束した。この者の真の渡航目的は明らかにされていないが，現に国内にも，ISIL

2016年の国際テロ情勢を振り返って　**153**

を支持し，又はISILのプロパガンダに共鳴している者がいるとされていることから，外国人戦闘員としてテロ組織に参加するため，紛争地域等に渡航を企てる者が現れる可能性は十分に考えられる。

　なお，国内におけるテロ対策の観点から注目すべき事件として，同年10月に発生した宇都宮での自爆事件が挙げられる。本件では，爆発現場から犯人とみられる者の名前入りの遺書が発見されていることから，爆発物を用いた自殺であるとされ，テロ事案ではないとみられているが，注目すべき点は別にある。警察は本件に用いられた爆発物について，完成品の軍用爆弾等ではなく，手製であったとの見方を示している。つまり，本件は，爆弾の製造に関する知識さえあれば，製造に熟練していなくても，日本においても材料を調達し，相当な破壊力を有する爆弾を製造することが可能であることを示した事案であるといえる。現在，インターネット上において，銃や爆弾の製造方法を紹介しているウェブページも存在する。また，一般に出回っている製品から爆弾の製造に必要な材料を取り出すことも不可能ではないことから，より一層，爆弾の原料になり得る物質等の管理に注意を払う必要がある。

5　日本赤軍と「よど号」グループ

⑴　日本赤軍の動向

　日本赤軍は，最高幹部の重信房子が2001年4月に解散を表明したことを受け，同年5月，組織としても解散を追認した。しかし，逃亡中のメンバー7名に投降を促すこともなく，彼らへの支援を継続しているとみられること，多くの死傷者を出したテルアビブ・ロッド空港事件の発生日を「日本赤軍の創立記念日」と称する恒例の「5.30集会」を開催し，過去に敢行したテロ行為を称賛し続けていることなどを踏まえると，この解散宣言はテロ組織としての本質の隠蔽を狙ったものと考えられる。したがって，こうした姿勢が改まらぬ限り，その危険性は矮小化して評価されるべきではない。

　2015年2月，インドネシア・ジャカルタに所在する日本及び米国大使館に対する爆弾テロ事件（1986年5月）を敢行した日本赤軍メンバー・城﨑勉が警察により逮捕された。城﨑の公判は既に開始されており，裁判員裁判で行

154　第3章　国際テロ情勢

われた第一審では懲役12年の判決が言い渡された。城﨑の弁護人は即日控訴
しており，今後の公判の行方が注目される。

⑵ 「よど号」グループの動向

　「よど号」事件の犯人については，リーダーの田宮高麿を含め4人が既に
死亡したため，現在，北朝鮮にとどまっているのは，小西隆裕，若林盛亮，
赤木志郎，魚本（旧姓:安倍）公博及び岡本武の5人とみられる（岡本につ
いては，死亡したとの情報もあるが当局による確認はなされていない。）。

　現在，魚本については，有本恵子さんに対する結婚目的誘拐容疑で，「よ
ど号」事件の犯人の妻である森順子及び若林（旧姓：黒田）佐喜子について
は，石岡亨さん及び松木薫さん両名に対する結婚目的誘拐容疑で，それぞれ
国際手配されている。しかし，「よど号」グループは，マスコミ報道，声明
文等を通じて拉致容疑事案への関与を否定し続けている。

　現在，「よど号」グループは，2014年9月から，ツイッターアカウント
「何でもアリ⁉よど号のyobo-yodo」を開設し，定期的に更新するなど，帰
国実現に向けた世論形成のための活動を展開している。

6　おわりに

　2016年の国際テロ情勢について振り返ってきた。幸いにして，日本国内に
おけるテロの発生こそなかったものの，現実には，邦人が犠牲となった事件
に限らず，世界各地において数多くのテロが発生している。我が国は2019年
にはラグビーワールドカップ，2020年には東京オリンピック・パラリンピッ
ク競技大会を控えている。これらの大規模イベントはテロの格好の標的とな
り得ることから，政府がテロ対策に万全を期すことは当然のことであるが，
我々国民としても，テロが差し迫った危機となっていることを認識し，日本
全体が一丸となったテロ対策を行っていくことが必要である。

伊勢志摩サミットをめぐる
国際テロ情勢

国際テロ研究会

1 はじめに

　2016年5月27日，伊勢志摩サミットは，世界経済の減速阻止策を柱とした首脳宣言と，テロ対策等6つの附属文書を採択し閉幕した。テロ対策については，26日夜の討議において，ICPOのデータベースやPNR（旅客予約記録）を活用した対策の強化等に協調して取り組む方針等が盛り込まれた附属文書として「テロ及び暴力的過激主義対策に関するG7行動計画」が採択された。

　2016年の伊勢志摩サミットでは，参加するG7各国はもちろんのこと，国際社会全体にとって喫緊の課題であるテロ対策が，世界経済の安定化や，北朝鮮問題，海洋安全保障等と並んで主要な議題となった。また，ISILの台頭に伴う国際テロの脅威を受け，我が国は官民挙げての警戒態勢で伊勢志摩サミット開催を迎えた。

　本稿では，伊勢志摩サミットをめぐる国際テロ情勢について，まず，サミット開催に至るまでのG7各国をめぐるテロ情勢について概観する。次に，これまでになく厳しい国際テロ情勢の中でのサミット開催に向けて，我が国の官民がどのようなテロ対策に取り組んだのかを紹介する。

156　第3章　国際テロ情勢

2　G7各国をめぐるテロ情勢

　日本を含むサミット参加各国にとって，テロは従前から大きな脅威であったが，前年のエルマウ・サミット（2015年6月7日・8日にドイツにおいて開催された。）から伊勢志摩サミット開催までの約1年間も，先進各国における度重なるテロの発生を受けて，テロ対策は常に各国の主要かつ共通の課題の一つであり続けた。

　以下，G7各国のテロ情勢について，主要なテロ事件等を例に挙げ紹介したい。

(1)　米　　　国

　2015年12月，米国カリフォルニア州サンバーナディーノに所在する障害者向け福祉施設で開催されていたサンバーナディーノ郡保健局のパーティーに，自動小銃等で武装した男女2人が侵入し，銃を乱射した。これにより，14人が死亡し，21人が負傷する被害が発生した。同事件は，同郡保健局勤務の男とその妻による犯行であり，被疑者2人は，現場から車両で逃走し，約4時間半後，現場から数キロメートル離れた路上で警察と銃撃戦になり，射殺された。オバマ大統領は，同事件を受けて行った演説で，米国が進化するテロの脅威に必ず打ち勝つと誓うとともに，テロ攻撃の種類がアル・カーイダによる大規模攻撃から変質し，過激思想に染まった個人による，より単純な攻撃という新段階に入ったと述べた。

(2)　フランス

　2015年11月13日，金曜日の夜を楽しんでいたパリ市内及び近郊の7か所において，同時多発的に銃撃や自爆によるテロが発生した。全体で130人が死亡，約350人が負傷し，この中には多数の外国人も含まれていた。同事件を受けて，オランド大統領は，同事件がISILの犯行であるとしたほか，フランスはISILとの「戦争状態にある」と強調，「国家は全力を挙げて国民を守る」との決意を表明した。また，同事件直後，フランス政府は居住指定や令状なしの家宅捜索を可能とする非常事態宣言を出し，これはサミットが開催された2016年5月にも継続されていた。さらに，フランス政府はISIL殲滅のため

伊勢志摩サミットをめぐる国際テロ情勢　157

国連安保理決議採択を要請するなどした。

(3) ド イ ツ

ドイツでは，伊勢志摩サミット開催までに大規模なテロは発生していないが，2016年2月には，ベルリンでのテロを計画したとしてISILと関係するとみられるアルジェリア人グループの3容疑者が逮捕されたほか，同年3月にベルギー・ブリュッセルの空港と地下鉄駅で発生した連続テロ事件に関連し，同事件の実行犯と連絡をとるなど近い関係にあったとされる男が同月中に逮捕されるなど，テロを計画した者等の摘発が多数報じられた。

(4) 英 国

英国についても，近年テロ事件の発生は見ていないが，2016年4月には，テロを準備した疑いで男女5人が逮捕されるなど，テロを計画した者やテロ資金を提供した者が摘発されている。また，2015年11月のパリ，2016年3月のブリュッセルで発生した同時テロ等に関わったとして逮捕されたモロッコ系ベルギー人，モハメド・アブリニ容疑者がパリのテロ事件の前に英国を訪れ，サッカースタジアムやショッピングモールなど人が集まる場所の写真を撮影していたと報じられるなどし，テロへの懸念が更に高まっていた。

(5) イタリア

イタリアでも，テロ計画の摘発等が相次いでいた。2016年4月には，カトリックの総本山であるバチカンやローマのイスラエル大使館に対するテロ攻撃を企てていた疑いなどで，同国在住でモロッコ出身の男女4人が捜査当局に逮捕された。また，イタリア捜査当局は，パリにおける同時多発テロ事件やベルギーにおける連続テロ事件に関与したとして，同年3月，南部ナポリ近郊においてベルギーから指名手配されていたアルジェリア国籍の男の身柄を拘束した。拘束された男は，身分証の偽造に関わった疑いがもたれており，ベルギーの公共放送は，パリの同時多発テロ事件の実行犯とみられるサラ・アブデスラム容疑者らの偽造身分証も同人が作ったとみられると報じている。

(6) カ ナ ダ

カナダでは，2014年10月にケベック州において兵士を車でひいて殺害したテロ事件，オタワ市中心部において兵士をライフル銃で射殺したテロ事件が

連続して発生した後，伊勢志摩サミット開催までの間に国内におけるテロ事件は発生していないが，国外においてカナダ人が被害に遭うテロ事件が発生している。特に，2015年9月，フィリピンにおいてカナダ人2人がノルウェー人1人，フィリピン人1人と共にイスラム過激派アブ・サヤフに拉致された事件では，2016年4月及び6月に人質となっていたカナダ人2人がそれぞれ殺害されたことが確認された。カナダのトルドー首相は，同事件に関する声明で，犯行グループの「卑劣で残忍な行為」を強く非難し，「カナダはテロ集団に屈しない」と表明した。

3　日本におけるテロ対策

　日本においても，2015年1月及び2月にはシリアにおいて邦人2人がISILにより殺害され，同年3月にはチュニジア・チュニスに所在する国立博物館におけるテロ事件で観光客の邦人6人が死傷し，ISILを始めとする国際テロ組織によるテロの脅威に国民の関心が集まった。さらに，同年10月にはバングラデシュにおいて在留邦人1人が銃撃により殺害され，2016年3月に発生したベルギーにおける連続テロでは，邦人2人が重軽傷を負った。また，2015年11月にフランスの首都パリにおいて大規模なテロが発生したことなどを受け，国民全体のテロに対する不安が高まり，我が国におけるテロ対策もその強化が求められることとなった。

　テロ対策が国内外の最重要課題の一つとされる中で開催されることとなった伊勢志摩サミットに向けて，我が国では，サミット会場となった三重県の賢島はもちろんのこと，全国各地でテロ対策のための様々な取組が行われた。

　サミット会場を含む三重県及び愛知県には，警視庁等全国から派遣された機動隊員ら約2万3,000人が配置された。また，2005年の英国・グレンイーグルズサミット開催時，会場から約580キロメートルも離れた首都ロンドンにおいてテロが発生したことを踏まえ，東京都でも過去最大規模の約1万9,000人の警察官が動員され警戒に当たった。このほか，全国各地の警察が，大勢の人が利用する施設や交通機関等のソフトターゲットや，繁華街での警戒強化等を実施し，テロの未然防止に注力した。

伊勢志摩サミットをめぐる国際テロ情勢　159

また，伊勢志摩サミットに向けたテロ対策としては，警察等による取組だけでなく，民間による取組も全国各地で進められた。
　例えば，都心の地下鉄駅ではロッカーの使用停止やごみ箱の撤去が行われて話題となり，商業施設でのテロ対策訓練なども各地で行われた。また，様々なイベント会場や観光名所では，手荷物検査が導入された。このほか，伊勢志摩サミット開催を前に，各地において「テロ対策ネットワーク」，「テロ対策パートナーシップ」等の官民連携の場が新たに設けられた。次に示す

主要国首脳会議（伊勢志摩サミット）開幕を翌日に控え，伊勢神宮周辺を警戒する警察官
（2016年5月25日，三重県伊勢市，時事）

のは，伊勢志摩サミット開催前の1週間に報じられた各種取組の一例である。

○　首都圏の駅では，コインロッカーやごみ箱の封鎖，自動販売機の営業停止，証明写真機の使用中止等が行われた。爆発物を仕掛けるテロ等に使われることを防ぐためである。駅の利用者は，「不便だが仕方がない。」と，戸惑いを見せる一方，テロ対策のためには必要な対策であると一定の理解を示した。

○　日本武道館では，テロ対処マニュアルを初めて作成し，独自の訓練を行った。爆発物と化学物質によるテロを想定し，イベントの主催者と武道館双方の責任者を規定したほか，警備や救護の方法をまとめた。

○　大阪府大阪市のテーマパーク「ユニバーサル・スタジオ・ジャパン」では，全入場者に対し，開業以来初めてとなる手荷物検査を実施した。また，同市の観光名所である通天閣でも，手荷物検査や金属探知機によるボディーチェックを行った。

○　大分県では，県内で薬品や農薬を売る事業者団体と大分県警察とが，初めてのテロ対策会議を開いた。テロリストに爆発物の原材料を調達させないよう，販売事業者らを交えたネットワークをつくることを目的として開かれた同会議には，県や県警の担当者のほか，県医薬品卸業協会，県農協組合等6団体の代表者らが参加した。

このように民間による様々な取組や官民一体となったテロ対策が講じられた背景には，パリにおけるテロを始め，先進各国において大規模なテロ事件が発生したことにより，国民のテロに対する危機感がこれまでになく高まったことや，警察等によるテロ対策訓練や広報等により，国民の安全に対する意識が変化したことが挙げられるだろう。実際，民間企業によるテロ対策の取組に加えて，サミット開催前後には，不審物や不審者の通報が相次いだという。国民全体がテロ対策を我がこととして強く意識したことがうかがえる。

伊勢志摩サミット開催を通じて国民全体のテロに対する意識向上が図られたことは，2020年に東京オリンピック・パラリンピック競技大会を控えた我が国にとって，重要な意味を持つ。伊勢志摩サミット閉幕後にヨーロッパで

発生したテロでは，レンタカーのトラック（2016年7月にフランス・ニースで発生したテロ事件），ナイフや斧（同月にドイツの列車内で発生したテロ事件）といった，身近な物を使用した例が目立った。誰でも大きな反響をもたらすテロを引き起こすことができる現在，テロを未然に防止するためには，警察等だけではなく，国民一人ひとりがテロに対する知識・意識を向上させることが肝要である。

2020年東京オリンピック・パラリンピック競技大会の開催を見据え，官民ともに更なるテロ対策の強化が図られ，今後も我が国におけるテロの発生がないことを願いたい。

2015年の国際テロ情勢を振り返って

国際テロ研究会

1　はじめに

　2014年6月，ISIL（イラクとレバントのイスラム国）が，イラクとシリアをまたぐ地域に「イスラム国」の樹立を宣言してから1年が経過したが，依然としてその勢力を拡大し続けており，世界の国際テロ情勢に大きな影響を与えている。我が国との関係でも，2015年1月及び2月にシリアにおける邦人殺害テロ事件が発生した。そのほか，3月にはチュニジア・チュニスにおいて襲撃テロ事件が発生し，邦人3名が犠牲になり，10月には，バングラデシュ・ロングプールにおいて邦人が銃撃され死亡した。チュニジアとバングラデシュの事件については，犯行主体が明らかになっていないものの，ISILが犯行声明を発出し，事件への関与を示唆した。また，ISILの声明やオンライン雑誌において，日本がテロの標的として名指しされている。このように，我が国に対するテロの脅威が現実のものとなっているとの認識に立ち，政府は2020年東京オリンピック・パラリンピック競技大会の開催に向けて，テロ対策の強化策を打ち出した。11月には，フランス・パリにおいて130人が死亡する無差別・同時多発テロ事件が発生し，これを受けて，政府は国際テロ対策を強化・加速化させることとなった。このように，国際テロ情勢を見ると，2015年は激動の一年であった。

2015年の国際テロ情勢を振り返って　**163**

こうした情勢を念頭に置き，2015年中の国際テロ情勢を振り返ることとしたい。

　なお，ISILについては，政府とメディアによって呼び方が異なる。日本政府は米国政府や国連と同様に，英語の「イラク・レバントのイスラム国」の略称である「ISIL」を使用する。安倍晋三首相は，政府がイスラム国の呼称を使用しない理由について，「まるで国として国際社会から認められ，イスラムの代表であるかのような印象を与える。イスラムの人にとって，極めて不快な話になっている」と述べている（2015年1月30日，衆院予算委員会）。一方，メディアは「イスラム国」，「IS」等の表現を使用しており，統一されていない。本稿では，原則として，ISILの呼称を用いることとする。

2　ISILをめぐる情勢

(1)　ISILの勢力拡大

　2014年6月，指導者バグダディがカリフ制国家「イスラム国」の樹立を宣言して以降，ISILは，内戦状態にあるシリア国内でも勢力を拡大し，英語版オンライン機関誌『ダービク』等の各種メディア上では，イラク及びシリアにまたがる広大な領域をカリフが支配，統治していると宣伝し，バグダディに忠誠を誓うこと及びISILが支配する領土に移住することは全てのムスリムにとっての義務であるなどと主張した。

　北・西アフリカから東南アジアに至る各地の多数の過激派組織が，このようなISILのプロパガンダに呼応して支持や忠誠を誓う旨を表明した。こうした組織の中には，ISILによって，ISILの「州」として認められたものもある。2015年10月までに「州」と認められた組織は，エジプトのシナイ半島，イエメン，サウジアラビア，アルジェリア，リビア，ナイジェリア，コーカサス地方及びアフガニスタン・パキスタンに存在し，現地の政府，治安機関等を標的としたテロを行っている。

　ISILは，イラク及びシリアにおいて，支配下の地域に厳格な解釈によるイスラム教の教えと法を適用し，ISILに反対の立場の勢力やイスラム教スンニ派以外の宗派の人々を処刑し，又は奴隷にするなどの残虐な行為を繰り返し

164　第3章　国際テロ情勢

ており，これらの地域の人々は，人道的危機にさらされている。これに対し，米国を始めとする国際社会は，有志連合を結成してイラク及びシリアのISILの拠点等への空爆を行う一方，イラク軍，クルド人武装組織，一部のシリア反体制派武装勢力への武器供与，軍事訓練を行っている。

⑵　有志連合による空爆実施状況

　報道によれば，米国国防総省筋は，有志連合による空爆は，2014年8月の開始以降14か月の間に，ISILの戦闘員2万人を殺害したと指摘している。2014年9月，ISILは，シリア北部に位置するクルド人支配下のコバニに包囲攻撃を仕掛けたが，この戦いは，最終的には，同年12月，大規模空爆によってISILが撃退されるという形で一応の決着をみた。コバニをめぐる激しい攻防の結果，ISIL側の人的損害は2,000人に上ったとみられる。このように，空爆は一定の効果を上げているといえるが，当初空爆に参加を表明していたアラブ諸国の空爆への寄与度は低いとされ，また，英国がシリアでは空爆を行わず監視，偵察飛行のみを行っていたとされるなど，欧米諸国の協力も決して充実したものではなかった。2015年11月のフランス・パリにおける同時多発テロ事件後，フランスは積極的に空爆を行うようになったが，英国は予算削減によって戦闘機の能力が限定されており，ドイツの参加は後方支援のみであるなど，同事件を受けた有志連合による空爆能力の向上は依然として限定されているとされる。

　一方，ISILは，有志連合をイスラムに敵対する十字軍連盟であると捉え，有志連合参加国の活動を牽制するため，これらの国の国民を標的としたテロを行うよう，世界各国のイスラム教徒に呼び掛けている。

　2014年9月，ISILの広報担当者アブ・ムハンマド・アル・アドナニが，ISILの支持者等に対して，米国，欧州の国民，対ISIL有志連合の国民，不信心者を殺害するよう呼び掛ける声明が出された。これは，ISILによる米国人等に対する殺害の呼び掛けとして初めてのものとされている。2015年1月のアドナニの声明では，各地にいる「聖戦士」に対して，欧米諸国内でのテロの呼び掛けがなされた。

　これらに触発，影響されたとみられるテロが，欧米諸国，北アフリカ，中東等で実際に発生している。

2015年の国際テロ情勢を振り返って　165

(3) ISILとアル・カーイダ（AQ）の対立

　AQは，2011年5月，当時の指導者であったオサマ・ビン・ラディンが米軍の作戦においてパキスタン国内で死亡したことを始めとして，幹部構成員が相次いで殺害・拘束されていることにより，大規模なテロを行う能力が低下したとみられている。

　一方，中東や北・東アフリカを拠点とするAQ関連組織は，現地政府，治安機関へのテロや軍事作戦を行っており，これらの地域では依然，大きな脅威であり続けている。また，こうした組織の中には欧米諸国やその在外権益を標的としたテロを企図するなど，イスラムを守るためには近くの敵だけではなく遠い敵に対する戦いを挑む，いわゆるグローバル・ジハードの指向を持ち続けているものもある。

　ISILとAQは，ISILがシリア内戦に介入を始めた頃から対立しており，シリアのAQ関連組織ヌスラ戦線とISILは，激しく衝突してきたところ，イエメン，アルジェリア及びアフガニスタンでは既存のAQ関連組織からの分派がISILの「州」となったことで，両者の対立はこれらの国々へ拡大する傾向にある。

　複数の専門家は，ISILがイエメンを拠点とする「アラビア半島のアル・カーイダ（AQAP）」からメンバーを離反させようとしている事実に注目しており，この勧誘の動きが拡大していると指摘している。また，2015年11月13日のフランス・パリにおける同時多発テロ事件の約1週間後に当たる11月20日，指導者モフタール・ベルモフタールが率いる「アル・ムラビトゥン」が，マリの首都バマコのラディソン・ブル・ホテル襲撃事件について，犯行声明を発出した。アル・ムラビトゥンと，本件を共に実行した旨を表明した「イスラム・マグレブ諸国のアル・カーイダ（AQIM）」は，共にアル・カーイダの関連グループに数えられ，ISILとは対立関係にある。専門家の中には，マリでのテロは，同月13日に発生したISILによる大量殺害事件に対抗するために敢行されたとの説を唱えているものもいる。AQは，ジハードの「主導権」をISILから奪おうとしたのかもしれない。

　ISILとAQは，武力衝突だけでなく，プロパガンダ面でも非難し合っており，ISILは，機関誌上等で「ISILが異端視するイスラム教シーア派等を攻撃

166　第3章　国際テロ情勢

しないAQは真のイスラムの教えを実践しない」などと糾弾している。一方，AQ指導者アイマン・アル・ザワヒリは，ISILが同組織に敵対するスンニ派やシーア派を含む他宗派を攻撃・弾圧していることを非難し，バグダディはカリフに値しないとの見方を示している。ただし，ザワヒリは，ISILがAQに敵対することで，AQが唱導してきた米国や親米イスラム国家を含む同盟国に対する戦いが阻害されていると指摘し，敵対をやめるよう呼び掛けるとともに，共通の敵である十字軍連盟と戦うためなら，ISILと協力できるとも述べており，ISILとの対立の解消を模索しようとする意図もうかがわれる。

⑷　外国人戦闘員問題

　中東やアフリカ等の紛争地域に渡航し，ISIL及びAQ関連組織等の過激派組織に加わり実戦を経験した者，いわゆる外国人戦闘員（FTF）の数は，2014年以降，とりわけISILがイラク及びシリアで勢力を伸張させたことに比例するように，急激な増加傾向となった。シリアにおける紛争には3万人以上のFTFが参加しているといわれるが，イスラム諸国出身者のみならず，欧米諸国人の改宗者，欧州等に移住したイスラム教徒，それらの第2世代以降の者等も多く含まれており，彼らが紛争地域で戦闘を経験し，帰国後に自国においてテロを敢行する危険性が指摘されている。

　実際に，2014年5月にベルギーのブリュッセルにおいてユダヤ博物館を襲撃して4人を殺害した犯人や，2015年1月，ベルギーにおいてテロ計画容疑で摘発されたグループのメンバーらはISILに参加した帰還者であった。また，フランス・パリにおけるテロ事件の実行犯らの中には，シリアでISILに参加し，戦闘を経験した者が含まれていたとされている。これらの事例は，FTFの脅威が現実のものであることを示しており，引き続き，警戒する必要がある。

3　2015年中の各地のテロ情勢

⑴　概　　　要

　ISILやAQを始めとするテロ組織や過激主義者らは，インターネット上の各種メディアやソーシャル・ネットワーキング・サービス（SNS）を利用し

たプロパガンダで，過激思想の伝播やリクルートを効果的に行っている。とりわけ，ISILやAQ関連組織は，欧米諸国等で生活するイスラム教徒に，自国で独自にテロを行うよう扇動を続けており，テロ組織と直接関わりのない個人がこうした扇動に影響を受けて起こしたとみられる，いわゆるホームグローン・テロリストによるテロ事件が欧米諸国を始め世界各地で発生していたところ，2015年11月13日には，フランスのパリにおいて，銃器や爆発物を用いた無差別・同時多発テロ事件が発生し，130人が死亡した。このテロは，フランス国籍やベルギー国籍の者等のネットワークによって行われたとされている点が特徴である。

　以上の傾向を踏まえ，2015年中の各地のテロ情勢を見てみたい。

⑵　欧　　　州

　フランスでは，1月にパリ及びその近郊において，3日間にわたって連続テロ事件が発生し17人が死亡した。このテロ事件が，同国史上最大規模の犠牲者数を出したものとされていたところ，同年11月には，パリにおいて銃器や爆発物を用いた同時多発テロ事件が発生し，130人が死亡した。

　報道によれば，11月の事件の実行犯のうちの何人かは，フランス当局の監視リストに掲載されていた。また，実行犯の一人は，テロに関連した活動を行っているとの容疑で，フランス警察から週に一度，身柄のチェックを受けることとなっていたが，これを複数回免れ，当局から逮捕状が出たときには，既にフランスを出国していた。そのほか，当局が他国からの情報提供を活用できなかったこと，爆発物原料対策をすり抜けられて爆発物を本件に使用されていることなどテロ対策上の欠陥が複数指摘されており，改めてテロの未然防止の困難性が証明された形となった。こうした数々の反省教訓事項を我が国の対策にもいかすことは，我が国における将来のテロの未然防止にとって重要であると考えられる。

　デンマークでは，2月に首都コペンハーゲンで連続テロ事件が発生し2人が死亡した。この事件で死亡した映画監督ラルス・ビルクス氏は，2013年3月にAQAPが発行したオンライン機関誌『インスパイア』で「ムスリムに対する罪を犯した者」として殺害予告され，2007年にバグダディ（現・ISIL指導者）から殺害のための報奨金を懸けられていた者であったことが判明して

168　第3章　国際テロ情勢

いるが，同月の首相発表によると，実行犯が過激派細胞の一部であった事実
はないとされている。

　ベルギーでは，8月にオランダ・アムステルダムからパリに向かっていた
ベルギー国内を走行中の高速列車の車内で発砲事件が発生し，死者は出なか
ったものの，4人が負傷した。実行犯の男はその場で乗客に取り押さえられ
たが，後の捜査で，同人がイスラム過激主義に傾倒し，犯行の準備を周到に
行っていたことを示す証拠が見つかったことが判明している。同人は，列車
内に，カラシニコフ自動小銃や銃弾約300発，拳銃，ガソリンが入った容器，
カッターナイフ等を持ち込んでいた。同人もまた，同年5月，ドイツの空港
で，要注意人物であることが判明したことを端緒に，当局によって職務質問
を受けていたが，拘束されることはなく，結果的に当局のチェックをすり抜
ける形となった。

(3)　米　　　国

　5月3日，テキサス州で預言者ムハンマドの風刺画コンテストが銃撃され
る事件が発生したが，幸いにして死者は出なかった（実行犯はその場で射
殺）。7月16日には，テネシー州の軍施設で銃乱射事件が発生し，4人が，
12月には，カリフォルニア州の福祉施設で銃乱射事件が発生し，14人が，そ
れぞれ死亡した。いずれも，過激思想の影響を受けた者による犯行とみられ
ている。

　一方で，9.11以降，米国におけるテロの情勢は比較的安定していると評価
する説もある。その説によれば，9.11以来，米国で発砲により40万人以上が
死亡したが，ジハード主義者の暴力で殺害されたのは45人と指摘されてい
る。また，フランスでは2015年から，ジハード主義者の襲撃による殺傷事件
がこれまでに7件発生し，150人が死亡しているのに対し，米国内で起きた
のは14年間で9件であると指摘されている。

　その説によれば，米国内で治安が比較的保たれている要因として，中東か
らの距離，FBIによる法執行の成果，米国のイスラム教徒が欧州のイスラム
教徒に比べ，過激思想への関心が小さいことが挙げられている。FBIについ
ては，2001年以降，FBIのテロ対策要員が2,000人増員されてきた。過激思想
への関心が小さいことについては，米国のイスラム教徒が相対的に裕福で，

2015年の国際テロ情勢を振り返って　169

良質な教育を受け，全体として社会の主流に組み込まれていることが挙げられる。イスラム教徒は米国人口の1％にも満たないが，医師の10％を占めるとされ，2011年の調査では，親しい友人の大半がイスラム教徒と答えたイスラム教徒は半数以下だったとされている。さらに，ISILに加わった欧州人は5,000人を超えるが，参加を試みたとみられる米国人は250人未満であり，そのうち首尾よく参加したのは30人にも満たないという分析もある。米国のイスラム教徒がジハード主義者と疑われる者を警察に通報する可能性が欧州に比べて高いのもこのためであるとされる。ある専門家は，2001年以降に発覚したジハード主義者のテロ企図事案のうち，42％はイスラム教徒によって通報されたという調査結果もある。

ホームグローン型のテロを防止するための手掛かりが米国の状況に隠されているかもしれない。

(4) 中　　　東

ISILは，2014年中にシリアやイラクにおいて勢力を急速に拡大したところ，2015年中は，北部シリア等においてクルド人武装組織による反撃攻勢により，一部地域を奪還されたものの，5月に入ってイラク西部のラマディや

シリア北部でのクルド人治安部隊による過激派組織「イスラム国」への攻勢を受け，国境を越え，トルコに逃げるシリア難民（2015年6月14日，トルコ，AFP＝時事）

シリア中部のパルミラといった要衝を陥落させている。ISILは，有志連合による掃討作戦を受け続けてはいるものの，オンライン上で発行する英語版機関誌『ダービク』等，インターネット上の各種メディアやSNSを通じたプロパガンダにより，FTFを引き付け，依然として勢力を維持している。ISILは，支配地域の住民等に行政サービスを提供したり，かつてオスマン帝国で発行された金貨を模倣した独自通貨を発行したりするなど，「国家」としての正当性を印象付けようとしている。これに対し，有志連合は，空爆を続けながら要衝都市の奪還を目指しており，7月にはシリアと国境を接するトルコが対ISIL軍事作戦へ正式に参加することになった。

トルコは，ISILによるとみられる自爆テロが続発したことを受け，国境管理を厳格化したほか，有志連合による空爆に初参加し，ISILの拠点への空爆を実施した。10月には，首都アンカラで自爆テロとみられる爆発が連続して発生し，95人以上が死亡，400人以上が負傷した。

(5) アフリカ

エジプトでは，エルシーシ大統領が就任して1年が経過し，ムルシ前大統領の出身母体であるムスリム同胞団をテロ組織と認定して取締りを強めている。また，シナイ半島では，ISILに忠誠を表明する過激派組織「シナイ州」がテロ攻撃を激化させている。これまでシナイ半島東部で政府への武装闘争やテロ活動を展開してきたが，カイロ周辺でも組織的なテロ活動を行う力があることを示し，ISILの脅威が首都カイロにまで迫っていることに衝撃が広がっている。

シナイ州の脅威が拡大しつつある背景には，2011年のエジプト革命後に生じた治安上の空白がシナイ半島の武装勢力を再び活性化させたことが挙げられる。リビアから最新の武器がシナイ半島に流入し，エジプト本土のジハード主義者らが地元の勢力に加わった。選挙で選ばれたイスラム主義者のモルシ大統領が2013年に軍によって打倒されると，当時，「アンサール・バイト・マクディス」（ABM，エルサレムの支援者）を名乗っていた組織が，軍と警察は背教者であり殺害すべきだと宣言した。ABMは，2014年11月にISILに忠誠を誓い，ISILの一部であることを示すため，名称をシナイ州に変更した。

報道によれば，西側情報機関の当局者らは，シナイ州はISILの支部の中で

2015年の国際テロ情勢を振り返って　**171**

も最も高い能力を持つと分析し，ある当局者は「シナイ州はISILの中核部に緊密に統合されている」と指摘している。

ナイジェリアでは，イスラム過激派組織ボコ・ハラムがISILの傘下に入り，北東部を中心に住民の虐殺や拉致を繰り返している。2015年5月に大統領に就任したブハリ大統領は，掃討作戦本部を首都アブジャから，ボコ・ハラムの拠点がある北東部ボルノ州に移して攻勢に転じるべく対決姿勢を打ち出している。

英国のNPO，経済平和研究所（IEP）は，「国際テロ指数」を公表し，ボコ・ハラムを「世界で最も多くの人々を殺害したテロ組織」だと非難した。報告によると，2014年にボコ・ハラムによる死者が317％も急増して6,644人に上った。一方，ISILによる死者も増加して6,073人となった。合わせると2つの集団による死者は世界のテロ関連の死者の半数以上を占める。

専門家は，政策担当者やアナリストの多くがボコ・ハラムを過小評価していることを，致命的な誤りだと指摘している。同専門家によれば，ボコ・ハラムは世界のテロ組織の中でも最も復元力に富むものの一つであり，戦術，作戦，戦略，イデオロギーを常に変化させることができる能力を持っていると分析している。

⑹　南西アジア

パキスタンでは，シーア派を狙ったとみられるテロ事件が複数発生している。5月には，南部のシンド州の都市カラチで，シーア派の礼拝場所に向かっていたバスが武装集団に襲撃され，約40人が死亡し，10月には，同州ジャコババードでシーア派の宗教行事「アーシューラー」の行進を狙った自爆テロが発生し約20人が死亡したほか，バロチスタン州ボラン郡でシーア派モスクを狙った自爆テロが発生し，約10人が死亡した。

アフガニスタンでは，依然として，タリバンによるとみられるテロが発生している。5月には，首都カブールのゲストハウスを武装集団が襲撃し，外国人を含む14人が死亡した。6月には，首都カブールで，国民議会議事堂に対する襲撃事件が発生し，2人が死亡した。また，同国においても，ISILの勢力拡大動向が認められる。専門家によれば，アフガニスタンにいるISIL支持者が東部のジャララバードに地域の拠点を築いており，シリアとイラクか

172　第3章　国際テロ情勢

ら来た外国人戦士が，パキスタンと国境を接するナンガルハル州で，ISILへの忠誠を誓うアフガニスタン人組織と合流するなど，アフガニスタン国内のISIL支持者がシリアとイラクのISIL指導部と連携を強化する動向が認められるとの指摘がある。

(7) 中央アジア

各国において，ISIL支持を表明する者の活動が活発になっている。

ウズベキスタンでは，2015年6月，非合法に学校を開設して学生を勧誘していたISILと関係を有する者が摘発されたほか，ISILの宣伝活動を行っていた者が摘発されている。キルギスでは，2015年7月，当局が首都ビシュケクで掃討作戦を実施し，ISILに所属する6人を殺害，7人を拘束，武器等を押収した。

また，中央アジア各国から，既に300人以上が外国人戦闘員としてシリアやイラクに渡航しISILに参加しているとされる。2015年9月には，ロシア連邦保安庁（FSB）高官が，中央アジアから外国人戦闘員としてISILに参加している者は3,000人以上に上ると話している。

したがって，今後の中央アジア地域のISILの浸透状況をめぐる動向に注意が必要である。

(8) 北コーカサス地方

2014年12月にチェチェン共和国グロズヌイで武装勢力の襲撃により警察官14人が死亡するなどの事件が発生しているが，2015年中はテロ事件の発生は確認されていない。しかしながら，2015年6月23日にISILの広報担当者アドナニが，「コーカサス地方の戦士たちがISIL指導者バグダディに誓った忠誠が受け入れられ，ISILが，同地方にISILコーカサス州を置き，同地方の指導者を知事に任命する」と述べる声明が出された。ISILコーカサス州の目立った活動は確認されていない一方で，欧州で不平不満を抱いているイスラム教徒の共同体社会と同様に，カフカス地域と中央アジア全体にわたる旧ソ連の一帯は，ISILのリクルートにとって格好の場所になり得るとの見方もあるほか，現在シリアとイラクにいるロシアと旧ソ連出身の最大7,000人の外国人戦闘員のうち，最低でも2,000人の戦闘員がカフカス出身者と推定されているとの見方もあることから，今後の動向に注目を要する。

2015年の国際テロ情勢を振り返って　173

4 日本を標的とする国際テロの懸念

　2013年1月に発生した在アルジェリア邦人に対するテロ事件，2015年1月及び2月に発生したシリアにおける邦人殺害テロ事件，同年3月に発生したチュニジアにおけるテロ事件を始め，現実に我が国の権益や邦人がテロの標的となる事案が発生していることから，今後も邦人がテロ事件の被害に遭う可能性が懸念されている。

　実際にISILは，シリアにおける邦人殺害テロ事件における邦人を殺害する動画の中で，日本をテロの標的として名指ししたほか，機関誌上で，有志連合に参加する国に対する報復を呼び掛けるとともに，日本の外交団を名指しし，それらを標的としてテロを行うよう呼び掛けている。また，AQについても，米国及びその同盟国に対する戦いを標榜し続けており，米国と同盟関係にあり，また多くの米国権益を国内に抱える我が国がテロの標的となる可能性は否定できない。

　さらに，世界各国では，イスラム過激派による巧妙なプロパガンダによって誘引され，紛争地域へ渡航する者が増加傾向にあるが，こうしたFTFが帰国後に自国においてテロを敢行する危険性が指摘されている。我が国でも，依然として，国内にISILを支持し，又はISILのプロパガンダに共鳴する者がいるとされており，今後，我が国からISIL等への参加を企図する者が現れる可能性がある。

　このように，我が国に対するテロの脅威が現実のものとなっている。

　近隣国の韓国でも，ISILの浸透が指摘されている。報道によれば，2月には，シリアで交戦中に死亡したインドネシア人のISILメンバーの所持品から，ハングルで書かれた名刺が発見された。国家情報院によれば，このISILメンバーの所持品の中には，大邱地域の交通カードとハングルの社員証もあったという。このインドネシア人には大邱産業団地で2年間の勤務経験があったことが判明している。また，同院は，ISILを公然と支持した韓国人10人を摘発したと報告した。同院は彼らを自発的にISILに同調した者とみている。2015年1月には，未成年の者がSNSを通じてISILメンバーと交流した後，

174　第3章　国際テロ情勢

トルコ経由でシリアに入り，ISILに参加したことが判明し，社会に衝撃を与えた。

このように，ISILの影響が東アジアにも及んでおり，ISILの脅威は対岸の火事ではない状況になりつつある。

5　日本赤軍と「よど号」グループ

(1)　日本赤軍の動向

日本赤軍は，最高幹部の重信房子が2001年4月に日本赤軍の解散を表明したのを受け，同年5月，組織として解散を追認したが，逃亡中のメンバー7名に投降を促すこともなく，彼らへの支援を継続しているとみられ，この解散宣言は，テロ組織としての本質の隠蔽を狙ったものと考えられる。

2015年2月には，インドネシア・ジャカルタに所在の日本及び米国大使館等に対する爆弾テロ事件（1986年5月）を敢行した日本赤軍メンバー・城﨑勉が，服役していた米国連邦刑務所を釈放され，その後，国外退去処分となって我が国に移送されたことから，警察により逮捕されている。また，同年5月には，多くの死傷者を出したテルアビブ・ロッド空港事件の発生日を「日本赤軍の創立記念日」と称する恒例の「5.30集会」が開催され，過去に敢行したテロ行為を称賛し続けている。こうした姿勢が改まらぬ限り，その危険性は矮小化して評価されるべきではない。

(2)　「よど号」グループの動向

「よど号」ハイジャック犯人については，リーダーの田宮高麿を含め4名が既に死亡したため，現在，北朝鮮にとどまっているのは，小西隆裕，若林盛亮，赤木志郎，魚本（旧姓安部）公博及び岡本武の5名とみられる（岡本については，死亡したとの情報もあるが当局による確認はなされていない。）。

現在，魚本公博については，有本恵子さんに対する結婚目的誘拐容疑で，「よど号」ハイジャック犯人の妻である森順子及び若林（旧姓黒田）佐喜子については，石岡亨さん及び松木薫さん両名に対する結婚目的誘拐容疑で，それぞれ国際手配されている。

しかし，「よど号」グループは，マスコミ報道や声明文等を通じて拉致容

2015年の国際テロ情勢を振り返って　**175**

疑事案への関与を否定し続けている。2014年9月から，ツイッターアカウント「何でもアリ!?よど号のyobo-yodo」を開設し，定期的に更新するなど，帰国実現に向けた世論形成のための活動を展開している。

6　現下の国際テロ情勢を受けての政府の取組

　2015年1月及び2月，シリアにおける邦人殺害テロ事件が発生し，邦人2人がISILに拘束され，殺害されたほか，ISILが邦人を標的とするテロを警告した。本事件は各国のメディアでも多く取り上げられ，国際的に非常に注目を集めたほか，国内にも大きな衝撃を与えたところ，5月29日には，政府の国際組織犯罪等・国際テロ対策推進本部が「邦人殺害テロ事件等を受けたテロ対策の強化について」を決定した。

　12月4日には，パリにおける同時多発テロ事件の発生を受けて，同本部は，各種テロ対策の強化・加速化や国際テロ対策強化に係る継続的な検討体制の構築を柱とする「パリにおける連続テロ事案等を受けたテロ対策の強化・加速化等について」を決定した。

　同日，政府は，邦人関連事案に関する国際テロ情報の収集等を抜本的に強化するため，以下の組織を新設することが公表された（12月8日にそれぞれ発足・設置）。

・　国際組織犯罪等・国際テロ対策推進本部に国際テロ情報収集・集約幹事会
・　内閣官房に内閣官房国際テロ情報集約室
・　外務省総合外交政策局に国際テロ情報収集ユニット

7　おわりに

　以上のとおり，現下の国際テロ情勢が一層厳しくなり，我が国に対するテロの脅威が現実のものになっている中，2016年は各国の首脳が一堂に会する伊勢志摩サミットの開催が予定されている。幸いにして，近年，我が国においてイスラム過激派によるテロの発生は確認されていないが，シリアにおけ

る邦人殺害テロ事件の発生やISILに支持を表明する者等の所在等，2015年の１年間でもめまぐるしく我が国を取り巻く情勢は変化したといえる。2019年にはラグビーワールドカップ，翌2020年には東京オリンピック・パラリンピック競技大会の開催も控えているところ，従来にも増して政府一丸となったテロ対策の強化が求められる。

2014年の国際テロ情勢を振り返って

国際テロ研究会

1　はじめに

　「イスラム国」を自称した「イラクとレバントのイスラム国」(ISIL) の台頭に伴って，ニュースや新聞等で，盛んにISILの話題が報じられている。ISILは，シリアにおける内戦やイラクにおける宗派対立に乗じて勢力を拡大し，2014年6月には，指導者がカリフ（預言者ムハンマドの後継者）を自称して「イスラム国」の樹立を宣言するに至った。また，ISILに関連して，大きな問題となっているのが，外国人戦闘員の問題である。欧米を含む世界各国から多くの若者たちが，ISILに戦闘員として参加しており，こうした外国人戦闘員が帰国して自国でテロを起こす懸念が高まっている。我が国でも，大学生が，ISILに戦闘員として加わることを目的に，シリアへの渡航を企てた事案について警察による捜査が行われたと報じられたことは記憶に新しい。

　他方で，「アル・カーイダ」(AQ) 指導者ザワヒリは，欧米諸国等に対するジハード（聖戦）の継続を表明しており，AQ関連組織等によるテロの脅威を過小評価することはできない。

　また，日本赤軍とよど号グループについてであるが，日本赤軍は武装闘争を完全に否定しておらず，その危険性に変化はみられず，よど号グループは拉致容疑事案への関与を否定し続けているなど，引き続き注視すべき状況に

178　第3章　国際テロ情勢

ある。

　こうした情勢を念頭に置き，2014年中の国際テロ情勢を振り返ることとしたい。

2　「イスラム国」を称したISIL

　冒頭で触れたとおり，ISILは，国際テロ情勢を語る上で大きな存在となっている。そのISILについて，ここで少し触れておくこととする。

　ISILの前身は，ザルカウィという人物が率いる組織で，2003年に米国主導の多国籍軍がイラクに侵攻すると，ザルカウィの組織が，数々のテロや外国人誘拐・殺人事件に関与していった。ザルカウィは，2004年に，AQのオサマ・ビンラディンに忠誠を誓い，それ以降，このザルカウィ率いる組織は「イラクのアル・カーイダ」（AQI）と呼ばれるようになった。このように，ISILも，元々はAQ傘下の組織の一つであった。

　その後，AQIは，スンニ派勢力の結集を図り，2006年6月にザルカウィが米軍の攻撃によって死亡するという出来事があったものの，同年10月には，「イラク・イスラム国」（ISI）の設立を宣言した。ISIは，「国家」を意識した組織を目指す傾向を強めていき，米軍主導の多国籍軍やイラク政府を攻撃対象としたほか，シーア派住民を標的として宗派対立を激化させた。

　2010年5月には，現在のISILの指導者であるバグダディが，ISIの指導者に就任した。2011年12月に駐留米軍がイラクから撤退した後，ISIは，同国内でのテロ攻撃を活発化させるとともに，シリア内戦に乗じて同国に活動範囲を広げ，政府軍に対する攻撃を強めていった。

　2013年4月に，バグダディは，シリアで活動していたAQ関連組織の一つである「アル・ヌスラ戦線」を統合し，組織名称を「イラクとレバントのイスラム国」（ISIL）とすると発表した。しかし，「アル・ヌスラ戦線」は，この発表を否定し，AQ指導者ザワヒリの裁定を仰いだ。ザワヒリは，統合は無効であり，それぞれが別々の組織であるとした上で，「アル・ヌスラ戦線」はシリアで，ISIはイラクで活動するよう促した。しかし，バグダディは，この指示に従わず，結局，AQと袂を分かつこととなり，AQ中枢も，ISIL

2014年の国際テロ情勢を振り返って　**179**

とは関係がないと宣言し，事実上，破門するに至った。

　ISILは，イラクにおいてもシーア派・スンニ派の宗派対立に乗じて勢力を伸ばし，2014年6月には，他のスンニ派武装勢力とともにイラク第2の都市であるモスルを襲撃，制圧して以降，北部・西部のスンニ派地域を中心に支配下に収め，首都バグダッドをも脅かすところにまで迫った。そして，ついには，バグダディがカリフを自称して，「イスラム国」の樹立を宣言し，全世界のムスリムに対し，カリフであるバグダディに忠誠を誓い，「イスラム国」に移住することが義務であると呼び掛けている。

　ISILには，イラク軍の元軍人も参加しているとみられており，政府軍から奪った兵器を利用するなどして，イラク軍を退けて支配地域を広げ，米国・英国人人質を殺害する映像をインターネット上に公開したり，異教徒を虐殺したりするなど，残虐性を示して世界に衝撃を与えた。

　ISILは，支配地域の油田等から得る豊富な資金（1日に億を超える収入を得ているとされる。）を背景に，複数言語で，クオリティの高いオンライン雑誌を発行するなど，巧みな広報活動を行い，世界各国の若者たちを引き付けている。結果として，多くの者がISILに戦闘員として参加しているとされ，こうした外国人戦闘員が帰国後に自国でテロを敢行する懸念が高まっている。

　ISILの脅威に対して国際社会も黙っていたわけではなく，8月以降，米国を中心とした有志連合がISILの拠点等に空爆を開始し，また，9月には，外国人戦闘員問題への対処等を内容とする国連安保理決議が採択された。

「イラクとレバントのイスラム国」のメンバー
（ロイター＝共同）

空爆を継続する有志連合に対抗するように，ISILの広報担当者は，9月に，世界のムスリムや「イスラム国」支持者に向けて，有志連合参加諸国の国民を攻撃するよう呼び掛ける声明を出している。

3　2014年中のイスラム過激派によるテロ事件

ISILの台頭が国際テロ情勢に与えた影響は，決して小さくない。ISILの声明に応じた可能性のあるテロ事件等も発生しており，外国人戦闘員問題も国際社会にとって大きな脅威となっている。

AQ中枢は弱体化しているとされる一方で，政情不安定な中東や北アフリカ等の地域では，「アラビア半島のアル・カーイダ」（AQAP），「イスラム・マグレブ諸国のアル・カーイダ」（AQIM），「アル・シャバーブ」，「アル・ヌスラ戦線」等のAQ関連組織が活発に活動している。2014年9月には，「インド亜大陸のアル・カーイダ」（AQIS）の設立も宣言された。AQ関連組織によるテロの脅威は依然として高いといえよう。

また，イスラム過激派は，SNS等を効果的に利用しているほか，質の高いオンライン雑誌での宣伝にも力を入れ，過激思想を広めている。こうしたインターネット媒体等を通じて，既存のテロ組織と関わりのない個人が過激化していって敢行するテロ（「ローン・ウルフ」型のテロ）の脅威がますます高まっている。このような過程で過激化する個人を把握することは難しく，各国のテロ対策担当者が頭を悩ませており，国際テロ対策上の大きな懸念となっている。

こうした中，2014年中は，世界各地でテロ事件が発生した。主な地域のテロの特徴や背景を簡単に説明する。

○　欧　　　米

過激なイスラム思想の影響を受けたとみられる者によるテロ事件が続発した。中には，有志連合参加諸国の国民を攻撃するよう呼び掛けたISILの声明に応じた可能性のあるテロ事件の発生もみられた。

○　アフリカ

ナイジェリアでは，「ボコ・ハラム」が学校や村落を襲撃する事件が多

発し，多くの犠牲者を出している。4月には，多くの女子学生を拉致して「奴隷として売り飛ばす」旨の声明を出すなど，世界に衝撃を与えた。また，「アル・シャバーブ」は，ソマリアで同組織に対する掃討作戦を継続しているケニア等へ報復するとしており，警察署，ホテル，飲食店等を襲撃する事件を起こした。

○　南西アジア

　　アフガニスタンでは，大統領選挙が行われたが，この選挙をめぐってタリバン等によるテロ事件が続発した。パキスタンでは，「パキスタン・タリバン運動」等が活発に活動し，国際空港や陸軍運営の学校を襲撃する事件が発生した。9月には，ザワヒリが，インド，パキスタン，バングラデシュにわたる地域に「インド亜大陸のアル・カーイダ」（AQIS）の設立を宣言した。

○　東南アジア

　　インドネシアにおいては，大規模なテロの発生はないものの，過激派による警察官等を狙った比較的小規模な襲撃事件が引き続き発生しているほか，ISILに対する支持を表明する組織も現れ，数十人がシリアへ渡航しているとされる。フィリピンでも，「アブ・サヤフ・グループ」が，身の代金目的の誘拐事件を起こしている。ミャンマーでは，イスラム教徒である少数派のロヒンギャ族と大多数を占める仏教徒との対立が続いている。

次に，発生順に主な事件等の概略を説明する。

○　　1月

　　アフガニスタンの首都カブールで，武装集団が，外国人に人気のあるレストランを襲撃し，外国人13人を含む少なくとも21人が死亡した。

○　　2月

・　エジプト北東部シナイ半島の観光地タバ付近で，観光バスを標的とした爆発事件が発生し，韓国人3人を含む少なくとも4人が死亡した。「アンサール・バイト・アル・マクディス」が犯行声明を出している。

・　レバノンの首都ベイルート南郊ビール・ハサン地区にあるイラン文化施設付近で，連続自爆テロが発生し，少なくとも8人が死亡した。

182　第3章　国際テロ情勢

・　ナイジェリア北東部ボルノ州のバマで，「ボコ・ハラム」とみられる武
装集団による襲撃事件が発生し，少なくとも115人が死亡した。

○　3月

・　パキスタンの首都イスラマバードで，武装集団が裁判所を襲撃し，少な
くとも11人が死亡した。

・　ナイジェリア北東部ボルノ州の州都マイドゥグリで，爆弾テロが発生
し，また，同市近郊のマイノク村で，武装集団による襲撃事件が発生し，
合わせて少なくとも90人が死亡した。「ボコ・ハラム」の犯行とみられて
いる。

・　アフガニスタンの首都カブールで，武装集団が高級ホテルを襲撃し，外
国人4人を含む少なくとも9人が死亡した。

・　首都バグダッドなどのイラク各地で，爆弾テロや武装集団による襲撃事
件が相次ぎ，兵士41人を含む少なくとも80人が死亡した。

・　フランス当局は，シリアから帰国した聖戦主義者とみられるフランス人
が隠し持っていた爆発物を発見したと発表した。

○　4月

　　ナイジェリア北東部ボルノ州のチボクで，「ボコ・ハラム」が学校を襲
撃し，女子学生276人を拉致した。

○　5月

・　シリア北部アレッポ県の対トルコ国境近くで，爆弾テロが発生し，シリ
ア及びトルコ双方で少なくとも64人が死亡した。本件は，ISILが関与した
可能性があるとされている。

・　ベルギーの首都ブリュッセルのユダヤ博物館で，発砲事件が発生し，4
人が死亡した。この事件の容疑者のフランス人の男は，シリアに滞在し，
ISILの影響を受けて過激思想に傾倒していったとされる。

・　ジブチの首都ジブチ市の外国人に人気のあるレストランで自爆テロが発
生し，犯人を含む少なくとも3人が死亡した。「アル・シャバーブ」が犯
行声明を出している。

○　6月

・　パキスタン南部カラチにあるジンナー国際空港で，襲撃事件が発生し，

2014年の国際テロ情勢を振り返って　183

少なくとも27人が死亡した。「パキスタン・タリバン運動」等が犯行声明を出している。

・　アフガニスタンで，大統領選挙の決選投票が実施された際に，投票所等を狙った攻撃が各地で相次いで発生し，少なくとも51人が死亡した。

・　ケニアのソマリア国境に近いラム郡ムペケトニで，武装集団が警察署やホテル等を襲撃し，少なくとも53人が死亡した。「アル・シャバーブ」が犯行声明を出している。

○　7月

　ナイジェリア北部カドゥナ州の州都カドゥナで，野党指導者，イスラム聖職者を狙った爆弾テロが2件発生し，少なくとも82人が死亡した。

○　8月

　イラクのディヤラ州にあるイスラム教スンニ派のモスクで，シーア派民兵による発砲事件が発生し，少なくとも68人が死亡した。

○　9月

・　パキスタン南部カラチの海軍造船所で，襲撃事件が発生し，少なくとも海軍兵士1人と襲撃犯2人が死亡した。AQISが犯行を認めており，同組織設立宣言後，初の本格的な軍事行動となった。

・　オーストラリア警察は，大規模な対テロ作戦によって，ISIL幹部から指示を受けて一般市民を狙った無差別殺人を企図した疑いで，少なくとも15人を拘束した。

・　オーストラリアのメルボルン郊外で，警察官2人が，「イスラム国」支持者とみられる18歳少年に刃物で襲撃され負傷した。

・　アルジェリアで活動する「カリフの兵士」が，拘束していたフランス人を殺害する映像をインターネット上に公開した。この組織は，映像の中で「イスラム国」を支持するとした。

○　10月

・　カナダ東部ケベック州で，イスラム改宗者のカナダ人が，兵士2人を車ではねる事件が発生し，1人が死亡した。

・　カナダの首都オタワにある連邦議会前の戦没者慰霊碑付近で，イスラム改宗者のカナダ人が，兵士を銃撃し死亡させ，さらに，連邦議会議事堂内

で警察と銃撃戦となる事件が発生した。

・　米国ニューヨークで，イスラム改宗者の米国人が，警察官4人を斧で襲撃し，2人が負傷した。

○　11月

　　ナイジェリアで女性による自爆テロが相次いで発生し，バウチ州では，少なくとも13人が死亡，また，ボルノ州でも，少なくとも30人が死亡した。

○　12月

　　パキスタン北西部のハイバル・パフトゥンハー州ペシャワールで，武装集団が，陸軍運営の学校を襲撃し，少なくとも148人が死亡した。「パキスタン・タリバン運動」が犯行声明を出している。

4　日本を標的とする国際テロの懸念

　2013年1月に，多くの日本人が犠牲となった在アルジェリア邦人に対するテロ事件を始め，邦人や我が国の権益がテロの標的となる事案等が発生していることなどを踏まえると，今後も，同様の事案等が発生する可能性がある。

　また，各国でその危険性が認識されている「ローン・ウルフ」型のテロについては，我が国においても十分警戒する必要がある。

　また，次のとおり，我が国は，テロの脅威と無縁であるとはいえない。

○　我が国でも，大学生が，ISILに戦闘員として加わることを目的に，シリアへの渡航を企てた事案について警察による捜査が行われたと報じられた。外国人戦闘員問題については，他人事ではなく，今後，同様の者が現れる可能性は否定できない。

○　ISILは，米国を始めとする有志連合参加諸国に報復をする旨の声明を出しており，また，イスラム過激派がテロの対象としてきた米国関連施設が，国内に多数存在している。

○　2003年12月，殺人，爆弾テロ未遂等のテロ容疑の罪で国際手配されていたリオネル・デュモン（国連安保理の「アル・カーイダ制裁委員会」から

2014年の国際テロ情勢を振り返って　**185**

制裁対象として指定されている。）が不法に我が国への入出国を繰り返していた事実が，ドイツにおける同人の逮捕を端緒として判明している。

○　日本国内には，イスラム諸国出身者が多数滞在して各地でコミュニティを形成していることから，今後，イスラム過激派が，こうしたコミュニティを悪用し，資金や資機材の調達を図るとともに，様々な機会を通じて若者等の過激化に関与することが懸念されている。

5　日本赤軍とよど号グループ

⑴　日本赤軍の動向

日本赤軍は，最高幹部の重信房子が2001年4月に日本赤軍の解散を表明したのを受け，同年5月，組織として解散を追認したが，この解散宣言は，テロ組織としての本質の隠蔽を狙ったものと考えられる。なお，重信房子は，2014年中に頒布された機関誌に，解散宣言は「転向ではない」と投稿しているが，これは実に興味深い。

日本赤軍は，引き続き逃亡中のメンバー7名に投降を促すこともなく，彼らへの支援を継続しているとみられる。

また，多くの死傷者を出したテルアビブ・ロッド空港事件の発生日を「日本赤軍の創立記念日」と称する恒例の「5.30集会」が2014年も開催されるなど，過去に敢行したテロ行為を称賛し続けている。こうした姿勢が改まらぬ限り，その危険性は矮小化されるべきではない。

⑵　よど号グループの動向

よど号ハイジャック犯人については，リーダーの田宮高麿を含め4名が既に死亡したため，現在，北朝鮮にとどまっているのは，小西隆裕，若林盛亮，赤木志郎，魚本（旧姓安部）公博及び岡本武の5名とみられる（岡本については，死亡したとの情報もあるが確認されていない）。

現在，魚本公博については，有本恵子さんに対する結婚目的誘拐容疑で，よど号ハイジャック犯人の妻である森順子及び若林（旧姓黒田）佐喜子については，石岡亨さん及び松木薫さん両名に対する結婚目的誘拐容疑でそれぞれ国際手配されている。

しかし，よど号グループは，マスコミ報道や声明文等を通じて拉致容疑事案への関与を否定し続けており，2014年9月には，Twitterアカウント「何でもアリ!?よど号のyobo-yodo」を開設するなど，帰国実現に向けた世論形成のための活動を活発化させている。

6 おわりに

ISILに対する米国を始めとする有志連合の空爆が継続している。しかし，その効果は限定的であるとの指摘も一部にある。2015年も，ISIL抜きで国際テロ情勢を語ることはできないのではないか。

そして，ISILの台頭は，我が国にとって，決して遠い地の出来事ではない。ISILに戦闘員として加わることを目的にシリアへの渡航を企てた大学生の出現は，イラク・シリアから遠く離れた我が国にも，ISILの影響が及んでいることの証左といえる。

2016年の主要国首脳会議，2020年のオリンピック・パラリンピック東京大会の開催も迫っている。従来にも増して政府一丸となったテロ対策の推進が期待される。

別冊 治安フォーラム
国際テロリズムの潮流

平成30年6月1日　第1刷発行

編著者　国 際 テ ロ 研 究 会
発行者　橘　　　　茂　　雄
発行所　立 花 書 房
東京都千代田区神田小川町3−28−2
電　話　(03) 3291 − 1561　(代表)
ＦＡＸ　(03) 3233 − 2871
http://tachibanashobo.co.jp

Ⓒ2018　国際テロ研究会　　　　文唱堂印刷／印刷・製本
乱丁・落丁の際は本社でお取り替えいたします。
ISBN978-4-8037-1542-2　C3036

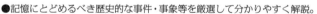

警備公安関係の重要基本判例データベース

立花書房 好評書

警備判例解説集
[第4版]
警備判例研究会 編著

警備関係犯罪における裁判上の争点を具体的・実際的に解説！

★ 共産党、右翼、過激派等の関連判例を、手続法、実体法など法令別・態様別に分類して詳細に解説。

★ 警備警察活動に限らず、広く警察活動の参考になる一冊

6年振りの改訂！

A5判・並製・576頁〔送料：300円〕
定価（本体2500円+税）

- 実務で活かせる**判例**を **満載**
- 新しく追加した判例を含めた**55判例**の詳細な解説と関連する**56の参考判例**を **掲載**
- 警備対象組織の**特殊性が反映された事件の判例**を **登載**